3

L'AUTEUR

Georges PAPADOUCAS est né d'un père Grec et d'une mère Française en 1925, il se convertit en 1960.

Sa rencontre avec Jésus son Sauveur fut comme une illumination au sein de ses ténèbres spirituelles. Il prêcha l'évangile à tous ses amis et connaissances et abandonna son travail séculier pour se consacrer au témoignage de la grâce de Dieu en Jésus-Christ. Évangéliste il travailla en équipe à l'édification de plusieurs églises où il était le Pasteur. À la demande du Président de France Mission, il rejoint cette association missionnaire en 1973, où après un temps de ministère à Aix-en-Provence, il est appelé à Grenoble d'où il partira quelques années plus tard pour Voiron, où il travaillera à l'implantation d'une nouvelle église en centre-ville. Il fut pendant de nombreuses années responsable pour la France de la « Ligue du Testament de Poche » et correspondant de la Mission évangélique Braille pour les non-voyants. Il participa à d'importants rassemblements d'évangélisation comme ceux des Jeux Olympiques de Grenoble en 1968, ceux de Albertville en 1992 et à des commémorations diverses au plan international pour la diffusion de la Bonne Nouvelle auprès des participants. C'est dans l'exercice de son ministère d'évangéliste que Georges fut maintes fois confronté à la pressante question de « l'assurance du Salut » et c'est après de nombreuses réflexions, études, méditations et prières qu'il rédigea cet ouvrage pour répondre à cette angoissante question et éclairer les nouveaux convertis et les chrétiens plus avancés sur ce thème important.

Nous espérons que ce travail riche et systématique aidera beaucoup d'enfants de Dieu à affirmer leur foi et à

Mise en page : Yannick Maréchal
Edition : Books on Demand,
12/14 rond-Point des Champs-Elysées, 75008 Paris
Impression : BoD - Books on Demand, Norderstedt, Allemagne
Dépôt légal : Février 2019

progresser dans leur marche spirituelle avec force et certitude dans le chemin que notre Seigneur ouvre devant eux. , C'est là notre vœu et notre souhait pour chaque lecteur et chaque lectrice.

REMERCIEMENTS

Je veux dire ma profonde reconnaissance à mon frère Ralph Shallis aujourd'hui avec le Seigneur, pour tout ce que j'ai reçu de lui, dont les ouvrages importants offerts comme cadeau, mettant à ma portée la langue du Nouveau Testament me permettant de nombreuses et enrichissantes découvertes dans le texte du grec de la Bible. Je lui dois cet ouvrage ! Ainsi qu'à ma fidèle épouse Mireille pour sa patience pendant mes longs jours et heures d'absences consacrés à l'œuvre du Seigneur, et pour son accompagnement dans l'exercice de mon ministère.
A Yannick Maréchal pour la mise en page des manuscrits sur ordinateur malgré la maladie orpheline dont il souffre.
A vous, bonne lecture et mes salutations en Christ notre Sauveur.

Georges Papadoucas

PRÉAMBULE

Chacun peut trouver des arguments plaidant en faveur du doute sur l'inspiration verbale des Écritures, sur l'exactitude du texte primitif ou sur la qualification des écrivains sacrés.

À titre d'exemple voici deux passages de l'Écriture semblant s'opposer :

.... il est impossible de ramener à la repentance ceux qui sont tombés... (Heb.6:6).

... personne ne vous arrachera de ma main ni de celle de mon Père... (Jn.10:29).

Cet excellent verset n'efface pas l'autre verset tout aussi excellent. Ils sortent tous les deux de la bouche de Dieu. Paul écrira à Timothée : *Toute Écriture est inspirée de Dieu et utile pour enseigner, pour réfuter, pour redresser, pour éduquer et instruire dans la justice afin que l'homme de Dieu soit accompli, équipé pour toute bonne œuvre* (2Tim.3:16,17).

Il y a nécessairement une réponse satisfaisante concernant l'irréversibilité, ou non, du salut. Elle se trouve dans l'interprétation du texte qui reste soumis à des règles générales précises. Il faut tenir compte du sens des mots nécessaires pour véhiculer la pensée, et de la syntaxe ; interpréter le texte suivant le contexte auquel il est lié, du chapitre si nécessaire, voire de l'ensemble de l'Écriture. Il faut reconnaître l'ensemble du thème choisi, comparer les textes traitant du même sujet, et toujours tenir compte des différentes dispensations dans lesquelles ils s'inscrivent.

D'importantes erreurs seraient également évitées si le lecteur prenait soin de s'inquiéter de savoir à qui s'adresse le texte: À Israël dans l'Ancienne Alliance ou sous la

Nouvelle Alliance? À Israël pendant la grande tribulation? Ou à l'Église hier, aujourd'hui ou dans le futur ? Ce qui est d'Israël est bien souvent attribué à l'Église et ce qui concerne l'Église attribué à Israël. Cela conduit à de regrettables erreurs doctrinales. La Bible rassemble deux Testaments, l'Ancien pour environ 65% et le Nouveau pour le reste. « Testament », comme l'acte par lequel une personne lègue sa succession, ce qui implique l'impossibilité d'en supprimer un « iota » (Mat.5:18).

Les manuscrits anciens, hébreux ou grecs ont été traduits par des hommes de Dieu, théologiens fidèles et compétents dans leurs disciplines. Il est vrai que certaines erreurs de traductions, éloignées du texte original, et souvent très différentes peuvent dérouter le lecteur et lui cacher la pensée de Dieu. C'est aux pasteurs et anciens des églises locales, qu'il appartient d'apporter au cours des études bibliques les corrections nécessaires à la bonne compréhension des Écritures. (D'après André Lamorte)

La perte du salut a souvent été évoquée comme une réalité au cours de mon ministère par de chers frères zélés pour l'évangile. J'eus la conviction qu'il était nécessaire de fouiller le texte grec du Nouveau Testament afin de donner la réponse propre au repos de l'enfant de Dieu. Le verset Rom. 11:29 figurant en titre de ce livre concerne Israël: et tous ceux qui comme Israël ont reçu les dons et l'appel de Dieu par Jésus-Christ comme il est écrit. *Car ceux qu'il a connus d'avance, il les a aussi prédestinés à être semblables à l'image de son Fils, afin que son Fils, soit le premier-né de plusieurs frères. Et ceux qu'il a prédestinés, il les a aussi appelés ; et ceux qu'il a appelés, il les a aussi justifiés, il les a aussi glorifiés. Que dirons-nous donc à l'égard de ces chose*s (Rom.8:29-31).

LES DONS ET L'APPEL DE DIEU SONT IRRÉVOCABLES

Romains chapitre 11, verset 29

ÉVANGILE SELON MATTHIEU

Jésus dit à la foule toutes ces choses en paraboles et il ne lui parlait pas sans parabole afin que s'accomplisse ce qui avait été annoncé par le prophète : J'ouvrirai ma bouche en paraboles, je publierai des choses cachées depuis la création du monde (Mat.13:34,35). L'avantage de la parabole est de présenter un enseignement simple, illustrant une vérité de la vie courante. Parabole vient du grec, sans retouche. Il signifie rapprochement, rapport, ressemblance, rencontre. Il vient de l'addition de deux autres mots grecs Para qui signifie auprès et Bolé jeté autour. Il existe 38 paraboles dans les synoptiques. Davantage, si on y ajoute les métaphores et les similitudes. Comme le prophétise le Psaume 78, verset 2 : *J'ouvre la bouche par des sentences, je publie la sagesse des temps anciens*, ces paraboles tiennent une grande place dans l'enseignement de Jésus. Il employait cette méthode depuis le début de son ministère. Ce genre d'instruction se développa lorsqu'il s'adressait à la foule. Les quatre premières paraboles de cet évangile de Matthieu au chapitre 13 portent sur la réception de la parole de Dieu et sur la croissance de son Royaume: le semeur, l'ivraie et le bon grain, le grain de sénevé, et le levain. Elles sont destinées à la foule des Hébreux qui se presse sur le rivage de la mer de Galilée. Jésus avait, auparavant, enseigné dans les synagogues, les villes et les villages (Mat.4:23; 11:1). Il avait rencontré une forte opposition, notamment après plusieurs guérisons que les Pharisiens attribuèrent au prince des démons: *C'est par le prince des démons qu'il chasse les démons* (Mat.9:27-38). Après avoir été rejeté par les conducteurs d'Israël, il s'adresse au peuple, et prophétise sur le temps de l'Église à venir jusqu'à la conclusion finale.

La Parabole du semeur (Ch.13:1-23)

Le semeur c'est Jésus, la semence c'est la Parole de Dieu. Le sujet c'est le Royaume des cieux dont Jésus dira qu'il est au milieu de vous (Luc.17:20,21). Le champ représente le monde. Le semeur a la récolte en vue: l'Église. Tous doivent entendre le conseil divin. Les quatre terrains illustrent les différentes attitudes du cœur en face de la bonne nouvelle. Le Roi est rejeté, ainsi que son Royaume (Mat.2:16). Le Royaume sera désormais caché dans les cœurs. Ce sera la période de l'Église qui couvrira le temps compris entre la Pentecôte et le retour du Roi parti se faire investir de l'autorité royale (Luc19:12). Depuis la Pentecôte, l'entrée dans ce royaume spirituel est conditionnée par la naissance d'en haut (Jn.3:3-5). Les prophètes ont annoncé le Royaume de Dieu et le rétablissement de la théocratie. Dieu établira son royaume à venir sur la base de son alliance avec David et son trône symbole de l'autorité royale, sera pour toujours affermi. De la postérité de David, d'une vierge, naîtra le Christ. Après avoir souffert pour l'expiation des péchés il établira son royaume de paix et de justice sur la terre, et enfin, sous les nouveaux cieux et sur la nouvelle terre. Aujourd'hui le semeur, le Roi du royaume des cieux, puise dans son trésor la bonne nouvelle du Salut qu'il jette à la volée. Les grains se dispersent à la surface du sol où ils devraient trouver le nécessaire à l'éclosion de la vie (Es.7:14;11:1-10; 53:1-4; 65:17-25).

Le chemin

Rien ne reprend vie sur une voie construite par les hommes et tassée par l'usage. C'est le chemin du monde où passent toutes les traditions, les philosophies et les religions. De lourds bagages dans de lourds véhicules ont durci le chemin revêtu des dalles de l'incrédulité. Le malin n'y est pas étranger, ce chemin est sa possession: Parole de Dieu foulée aux pieds (Luc.8:5) et cœur incrédule, telle est la situation de celui qui ne comprend pas le message. Le malin enlève ce qui a été semé: travail de Satan, le menteur et le père du mensonge (Jn.8:44).

Les pierres

Le texte original parle de pierraille. Le volume des pierres est dense et il y a peu de terre. Ce n'est pas favorable pour la culture. Le livre des Rois nous dit comment, après la révolte de Moab contre Israël, les champs Moabites, sur l'ordre de l'Éternel, furent ruinés avec des pierres par les vainqueurs (2 Rois.3:19).

Entre les pierres, il reste peu d'humidité mais suffisamment pour la levée de la graine. Les besoins du jeune plant augmentent proportionnellement à sa croissance, mais il dispose de peu de terre et développe donc peu de racines. Dès que survient la chaleur de l'épreuve, la tige sèche. C'est la victoire de la tribulation et de la persécution sur le cœur humain. Pour expliquer cet échec, certains parlent de conversion sentimentale, parc qu'une joie fugace touche le cœur. En effet Dieu est une personne, et non une émotion sur laquelle on peut construire. L'œuvre du Christ est bâtie sur la foi en sa parole. C'est ce qui manque au cœur superficiel (v.15).

Ici, aucune trace de conviction de péché ou de repentance *La tribulation ou la persécution à cause de la parole y trouve une occasion de chute* (v.21).

Les épines

Il existe une très belle plante décorative épineuse, aux feuilles vert sombre profondément découpées. Le sculpteur Athénien Callimaque en fit des reproductions dans le marbre pour les placer comme chapiteaux au sommet des colonnes de style Corinthien. Ce fût du plus bel effet. En l'an 72 de notre ère les constructeurs du Colisée à Rome, reconnaissant sa beauté, l'intégrèrent dans certaines parties du mur comme emblème de la volupté et du plaisir des sens. Dans le grec néotestamentaire, le mot épine est akantha. Le français traduit par épine, piquant mais aussi acanthe, plante bien connue des jardiniers et des fleuristes. L'acanthe pourrait illustrer la beauté séductrice des choses de ce monde, cachant une douloureuse expérience. Les épines nous parlent de la souffrance qui suit tôt ou tard ceux qui en sont les prisonniers, mais aussi des résultats du péché, épines avec lesquelles Jésus a été couronné. Elles agissent en fermant les oreilles et en crevant les yeux. Elles retiennent ceux qui les recherchent et les adoptent. Lors de la conquête de Canaan l'Éternel Dieu ordonna à Israël de prendre garde de s'attacher au reste des nations demeurées parmi le peuple. Israël devait refuser les mariages et les relations avec ces gens sous peine de devenir leur proie et de périr dans ce bon pays don de l'Éternel (Nb.33:55). Voici un cœur couvert de ronces. Elles ont asphyxié la semence divine et pris sa place. Les soucis du siècle et l'attrait des richesses s'emparent d'un cœur. *Un cœur attaché à l'argent n'est jamais rassasié* (Eccl.5:9). *C'est une racine de tous les maux* (1.Tim.6:10). Il devient un dieu devant lequel on se prosterne et auquel on obéit. Ici encore, nulle trace de repentance et de conviction de péché. La séduction des richesses et les soucis du siècle étouffent la parole et la rendent infructueuse (v.22).

La bonne terre

Celui qui a reçu la semence dans la bonne terre, c'est celui qui entend la parole et qui la comprend. Cinq fois le verbe comprendre est utilisé dans cette parabole. Ceux qui comprennent sont comme des Daniel, des Jean, auxquels sont révélées les choses cachées, celles qui sont à venir. Pour les Juifs pieux c'était la venue du Messie attendu et prophétisé dans l'Ancien Testament. Ceux de la bonne terre seront les bâtisseurs de l'Église, ce mystère qu'ils comprennent du cœur parce qu'ils ont reçu les paroles de celui qu'ils savent être le Messie d'Israël, le Sauveur attendu (Jn.4:25,26; Es.59:20; Mat.1:23; Es.7:14).

Le don du Saint-Esprit

A ce propos, deux textes peuvent nous interroger. Le premier est le verset 22 du chapitre 20 de l'évangile selon Jean, le second, le verset 45 du chapitre de l'évangile selon Luc. Jean écrit : *il souffla sur eux et leur dit recevez le Saint-Esprit.* (Du grec : pneuma agion). Luc ne mentionne pas l'action du souffle : *Jésus leur ouvrit l'esprit afin qu'ils comprennent les Écritures* (v.45). Esprit : en grec noûs. Il signifie façon de penser, entendement, raison)
Le verset 49 ajoute *...mais vous, restez dans la ville jusqu'à ce que vous soyez revêtus de la puissance d'en haut.* Ce n'est pas encore le moment dit Luc. De plus,

Jésus devait être glorifié dans les cieux avant l'envoi du Saint-Esprit (Jn.7:39). Le souffle de Jésus sur ses disciples pouvait être un encouragement semblable à celui rapporté par Luc. A ce propos Calvin écrit « Mais si Jésus-Christ a donné alors le Saint-Esprit à ses apôtres en soufflant, il semble que ce fût une chose superflue d'envoyer ensuite le Saint-Esprit »

La Pâque

L'orgueil et l'incrédulité de Pharaon furent les causes pour lesquelles l'Eternel frappa l'Egypte. Les Hébreux obéirent à l'Eternel et appliquèrent le sang sur les deux poteaux et le linteau de la porte de leur habitation. *Cette nuit je passerai dans le pays d'Egypte et je frapperai tous les premiers nés du pays d'Egypte, depuis les hommes jusqu'aux animaux... le sang vous servira de signe sur les maisons où vous serez ; je verrai le sang et je passerai par-dessus vous et il n'y aura point de plaies qui vous détruisent quand je frapperai le pays d'Egypte* (Ex.12:12,13). Il en fut ainsi; la vie de l'agneau son sang, fut donné comme rançons à la place de la vie des Hébreux. Justice était faite (Lev.17:11).

Notez : les deux poteaux de la porte rapprochés et le linteau réunis forment une croix (Voir Jn 10:7).

La Pentecôte

Était une Fête Juive, la première relative aux récoltes. Elle était appelée fête des semaines parce que fixée sept semaines après l'offrande de la première gerbe d'orge, symbole de la moisson consacrée à l'Eternel (Lev.23:15).

La loi Mosaïque a déplacé cette importante fête au lendemain du septième sabbat, soit au cinquantième jour.

(Du grec Pentecôte : cinquantaine). Le lendemain du Sabbat est le dimanche qui est le jour du Seigneur. Jésus est ressuscité le lendemain d'un Sabbat (Mat.28:1) jour qui inaugure la nouvelle naissance en Jésus-Christ et l'entrée dans la dispensation de la grâce. Jésus s'est montré à ses disciples le premier jour de la semaine (Jn.20:19) et une semaine plus tard il apparut à Thomas (Jn.20:29). Il a envoyé le Saint-Esprit le 50ème jour suivant les sept sabbats de la fête des semaines et non un autre jour. Des faits, il nous faut conclure. Le programme temporel géré par l'autorité céleste présente dans tous les cas une parfaite cohérence, comme ici l'interaction entre la Pâque et la Pentecôte ; dans l'Ancienne Alliance comme dans la Nouvelle. À l'annonce de son départ, voyant la tristesse de ses disciples, Jésus les rassure: *Il vous est avantageux que je m'en aille, car si je ne m'en vais pas le consolateur ne viendra pas vers vous, mais si je m'en vais je vous l'enverrai* (Jn.16 :7).

(Le Saint-Esprit = consolateur ou défenseur). Luc reprend cette même recommandation dans le livre des Actes au chapitre 1, les versets 4 à 8, où nous lisons : *Comme il se trouvait avec eux il leur recommanda de ne pas s'éloigner de Jérusalem, mais d'attendre ce que le Père a promis, ce que je vous ai annoncé, leur dit-il, car Jean a baptisé d'eau, mais vous, dans peu de jours, vous serez baptisé du Saint-Esprit. Vous recevrez une puissance, le Saint- Esprit survenant sur vous, vous serez mes témoins à Jérusalem, dans toute la Judée, dans la Samarie et jusqu'aux extrémités de la terre.* Le jour de la Pentecôte ils furent tous remplis du Saint-Esprit (Act.2:4). Nous sommes invités à considérer avec prudence le verset 22 du chapitre 20 de l'évangile selon Jean.

Conversion et nouvelle naissance

La période portant sur les discours et les enseignements de Jésus a été fixée autour de l'an 27 et plus précisément avant la crise de la croix et le conflit avec ses adversaires. Le jour de la Pentecôte, au cours duquel le Saint-Esprit fut donné aux 120 juifs assemblés dans la chambre haute, se situerait dans les années 30, soit environ 3 ans après…Quoi qu'il en soit, les discours et enseignements de Jésus étaient antérieurs à la Pentecôte, jour de la création de l'Église qui mit fin à la dispensation de la Loi. Le mot conversion, a été utilisé par les prophètes et écrivains sacrés de l'Ancienne Alliance, comme ceux de la Nouvelle. Il signifie revenir sur ses pas, se détourner afin de marcher dans une direction opposée, au figuratif: se tourner vers…. C'est la traduction du verbe grec epistrophé. Esaïe utilise le verbe convertir (6:9,10) cité par Jésus dans l'évangile de Matthieu chapitre 18:3 (strepho) se convertir ou se retourner.

Son diagnostic établit que le peuple Hébreux est devenu un infirme spirituel incapable de se retourner. *Ils refusent de se convertir*, assure Jérémie (Jér.5:3). Esaïe appelle Israël à la conversion et au retour à Dieu, non à Jésus. Nous sommes dans l'Ancienne Alliance: *Reviens à moi car je t'ai racheté* dit l'Eternel (Es.44:22), *Revenez enfants rebelles* (Jér.3:14), *Revenez à moi de tout votre cœur, avec des jeûnes, des pleurs et des lamentations* (Joël. 2:12), *Car mon peuple a commis un double péché. Ils m'ont abandonné, moi qui suis une source d'eau vive, pour se creuser des citernes crevassées,* (Jér.2:13), *Convertissez-vous donc et vivez* (Ez.18:32).

Le Nouveau Testament utilise ce même mot: convertir, avec la même signification que dans l'Ancien. Par exemple, l'évangile selon Marc chapitre 4, verset 12: *De peur qu'ils se retournent (se convertissent)* epistrépsosin dans le Nouveau Testament interlinéaire Grec-Français de Maurice Carrez (selon la T.O.B) Luc rapporte les paroles de Jésus s'adressant à Pierre: *Simon, Satan vous a réclamés pour vous cribler comme le froment. Mais j'ai prié pour toi afin que ta foi ne défaille pas ; et toi quand tu seras revenu (epistrepsas) affermis tes frères* (Luc.22:31,32). Il est intéressant de rappeler deux passages de l'évangile selon Marc. Il y avait une femme qui souffrait d'hémorragie depuis douze ans. Mal soignée, son état allait en empirant. Ayant appris ce qu'on disait de Jésus, elle s'approcha de lui par derrière et toucha son vêtement. Elle fut guérie sur le champ. Jésus se retourna (epistropheis) pour lui dire que sa foi l'avait guérie (Mc.5:30). Il est évident que l'on ne peut traduire par « Jésus se convertit », se retourner est le bon sens du verbe. Plus tard Pierre fît des reproches à Jésus qui annonçait son arrestation, sa mort et sa résurrection. Jésus se retourna (epistropheis) pour réprimander Pierre de la faiblesse de ses pensées humaines (Mc.8:31-33).

La traduction exacte de Jean 3:3-7 est : engendré d'en haut ce qui équivaut à *naître de nouveau,* si l'on fait abstraction de l'origine de la naissance. Dans sa première lettre, Jean écrit: *Celui qui croit que Jésus est le Christ est né de Dieu* (1Jn.5:1). Dans son évangile, recevoir la lumière, dans le sens de l'accepter, donne le pouvoir de devenir enfant de Dieu (1Jn.3:1). Les épîtres Pauliniennes donnent des compléments sur les heureuses conséquences de cette naissance d'en haut : *Si quelqu'un est en Christ, il est une nouvelle création, les choses anciennes sont passées, voici, toutes choses sont devenues nouvelles. Ce qui est quelque chose c'est d'être une nouvelle création. Ne mentez pas les uns aux autres, vous étant dépouillés du vieil homme et de ses œuvres, et ayant revêtu l'homme nouveau, qui se renouvelle, dans la connaissance, selon l'image de celui qui l'a créé. Soyez une pâte nouvelle puisque vous êtes sans levain* (2Cor.5:17; Gal.6:15; Col.3:9,10; 1Cor. 5:7).

La conversion est l'acte de l'homme qui se tourne vers Dieu. La nouvelle naissance ou naissance d'en haut dépend de la volonté de Dieu seule. C'est le miracle de la régénération produit par l'habitation du Saint-Esprit dans un cœur (Jn.3:3). Le semeur est venu semer la bonne nouvelle, mais l'Église n'est pas encore née. Jésus demande à Israël d'ouvrir son cœur et de faire le demi-tour nécessaire pour revenir à son Dieu afin d'entrer dans ce mystère du Royaume des Cieux que sera l'Église. Esaïe dit qu'Israël reste stérile et qu'il n'entreprendra rien de tel parce qu'il a peur de revenir sur ses pas, (Es.21:12). Les acteurs de la parabole sont la réplique des auditeurs massés sur la berge du lac. L'homme au cœur de pierre (Mat.13:20), et celui au cœur séduit par le monde, étaient appelés à se tourner d'abord vers l'Éternel Dieu d'Israël qu'ils avaient abandonné pour prendre ensuite leur place dans l'Église à venir dans la repentance et la foi, sous l'onction du Saint-Esprit. Cette parabole du semeur illustre le comportement des Juifs refusant l'offre de la grâce à cause de leur incrédulité et de leur formalisme. Dans le temps de l'Église, conversion et nouvelle naissance se conjuguent souvent avec bonheur, mais pas toujours. Enfin, pour ce qui nous préoccupe, chacun sait que pour perdre le salut il faut le refuser :

- Le premier ne comprend pas. Satan reste son maître (v.19).

- Le second entend et croit. Il est joyeux. Il devrait confesser son péché et se frapper la poitrine (Luc 18:13,14).

- Le troisième entend, mais les bruits de ce siècle, les nouvelles du monde dans lequel il cherche son bonheur, sans jamais le trouver, sont autant de soucis qui étouffent la parole entendue sans être retenue (v.23). La bonne terre c'est celui qui entend la parole et la comprend ; il porte du fruit, et un grain en donne cent, un autre soixante, un autre trente (v.22). La semence est bonne. Le terrain est riche. Le grain donne un plant arrivant à maturité capable de se reproduire. Le jour de la Pentecôte, lourde de la semence future, la gerbe va apparaître (Lev.23:9-14).

En l'absence du Roi, la parole de la bonne nouvelle sera jetée dans les cœurs. Dans l'attente de son retour, le Roi place partout sur la terre les fils du Royaume afin qu'ils annoncent la bonne nouvelle du salut, porte du Royaume en ce monde, offert à quiconque veut la franchir.

Conclusion :

Nombreux sont les grains perdus, ou n'accédant pas à la maturité. Quoique dans des conditions difficiles, certains ont produit un germe, ce qui au sens spirituel sous-entendrait une conversion, suivie de la perte du salut. Le texte lui-même dément cette interprétation (v.13-15). La graine ne peut être mise en cause, elle ne peut s'enraciner dans un mauvais terrain

...qui persévérera jusqu'à la fin sera sauvé

(Ch.24 :13)

Jésus répond à la triple question des disciples : Dis-nous quand arrivera la destruction du temple, quel sera le signe de ton avènement et de la fin du monde (Mat. 24:3). Notons la traduction du mot monde: cosmos au lieu de aïonos figurant dans le texte original exprimant l'idée de période, âge, époque. La première partie de la réponse commence au verset 15 annonçant l'arrivée de l'Antichrist. C'est une période de persécution sans précédent pour les Hébreux: On vous livrera aux Sanhédrins et aux Synagogues (Mc.13:9). Priez pour que votre fuite n'arrive pas en hiver, ni un jour de Sabbat (v.20). Fuir en hiver devant un ennemi implacable et sans pitié ajoute à la souffrance et à l'angoisse de la mort; de plus la loi de Moïse interdit de sortir du lieu où l'on se trouve le jour du Sabbat (Ex.16 :29). Le peuple Hébreu est sous le feu de la bête, Satan, et la haine du monde impie: Vous serez haïs de toutes les nations à cause de mon nom (v.9). Le prophète Daniel écrit ... heureux celui qui attendra (Dan.12:12). Le mot fin est cité 4 fois: versets 3, 6, 13,14. Il marque le départ de l'Église et le commencement de la grande tribulation, puis le retour de Jésus-Christ et le rassemblement des élus des quatre vents (v.30, 31). Les Juifs tourneront les regards vers moi celui qu'ils ont percé, ils pleureront sur lui comme on pleure sur un fils unique en ce jour le deuil sera grand à Jérusalem (Zach.12:10,11). Il n'y a pas un mot sur l'Église.

Elle est maintenant auprès de son Sauveur :

Car le Seigneur lui-même, à un signal donné, à la voix d'un archange, et au son de la trompette de Dieu, descendra du ciel, et les morts en Christ ressusciteront premièrement. Ensuite nous les vivants qui seront restés, nous serons tous ensemble enlevés avec eux sur les nuées à la rencontre du Seigneur dans les airs et ainsi nous serons toujours avec le Seigneur (1Thes.4:16,17).

Tous les enfants de Dieu savent ces choses et les attendent (1Thes.5:4). Ni le Saint-Esprit, ni L'Église ne demeurent sur cette terre laissant le champ libre à l'Antichrist avant sa captivité puis sa destruction par le souffle de la bouche du Seigneur. (2Thes.2:7,8) Celui qui persévérera jusqu'à la fin n'est pas un membre de l'Église. C'est un hébreu croyant, attendant le retour imminent de son Messie (Zach.12:10,11). Allusion n'est pas faite ici au salut de l'âme du croyant qui endure la persécution, mais à la délivrance que lui assurera le retour du Seigneur. (Commentaire de C.I. Scofield).

Conversions pendant la grande tribulation voir Apoc.7 :1-9.

Consultez l'ouvrage :
« Le retour de Jésus-Christ » de René Pache: 18 raisons pour affirmer l'enlèvement de l'Église avant la grande tribulation.

La parabole des 3 serviteurs (Ch.25:14-30)

Cette parabole nous présente l'histoire de trois serviteurs à qui le maître, partant pour un long voyage, remet des sommes importantes afin de les faire valoir en son absence. La Bible en français courant évalue le talent à l'équivalent de cent pièces d'or, mais il est difficile d'évaluer une parité pour ce métal précieux. Son poids se situerait autour de trente-cinq kilos. Après une longue période, le maître revient et demande des comptes aux trois serviteurs. Les deux premiers sont félicités et remerciés pour leur bonne gestion. Le troisième, les mains vides s'approche, plein d'accusation à l'égard de son maître, homme dur, dépourvu de sentiment pour ses semblables. La réponse du maître est en rapport avec l'attitude du serviteur. Le talent ôté est donné au plus fidèle, puis le serviteur négligeant est jeté dans les ténèbres du dehors, là où il y a des pleurs et des grincements de dents.

L'interprétation de ce texte est généralement la suivante :

- Les trois serviteurs sont des chrétiens. Les deux premiers ont mis en valeur les capacités spirituelles données par leur maître. Le troisième ne les a pas utilisées. Ici l'emphase est mise sur l'importance du service demandé. Bénédictions et récompenses attendent les uns et châtiments et pertes attendent les autres, seule la fidélité est récompensée ».

Réponse :
S'il en était ainsi le salut serait fondé sur les œuvres et non sur la grâce de Dieu en Jésus-Christ.
Il faut noter que le peuple d'Israël dans son unité nationale est appelé serviteur de Dieu:
…*Toi Israël, mon serviteur Jacob que j'ai choisi*
Consultez : Es.43:1-10; Es.44:1-8,21;Es.48:20.

Le maître c'est Jésus-Christ, il revient à la fin de la tribulation et il demande des comptes à ceux à qui il a remis un ministère particulier.
Chacun des serviteurs semble représenter une fraction du peuple Hébreu appelé à ce service :
        - Le premier serviteur c'est Israël à qui est confiée la richesse de l'évangile. Les apôtres sont d'abord envoyés

vers les brebis perdues de la maison d'Israël (Mat.10:6). Apôtre, du grec Apostolos, signifie envoyé, messager. Ils seront la racine de l'Église de Christ par le moyen de laquelle le monde entendra la bonne nouvelle du salut (Rom.11:23,24).

- Le second serviteur renvoie à ceux qui ont entendu la bonne nouvelle prêchée par ses disciples (Act.4:20), *ceux qui avaient été dispersés allaient de lieu en lieu annonçant la bonne nouvelle de l'évangile.* Le témoignage de Christ sera désormais porté à toutes les nations (Act.8:4).

- Le troisième serviteur, l'Israël incrédule malgré ses privilèges de peuple de Dieu a enterré le message de son propre salut. Il est jeté dans les ténèbres du dehors (Mat.25:30). Il avait la capacité reconnue par le Maître mais il ne l'a pas utilisée (v.15).

Le « rien » est ce que croient les incrédules, et ce qu'ils croient leur sera enlevé. Celui qui est dans l'abondance recevra plus encore qu'il n'a reçu.

ÉVANGILE SELON JEAN

La main de Dieu (Ch.10:29)

Mon Père qui me les a données est plus grand que moi et nul n'a le pouvoir d'arracher quelque chose de la main de mon Père. Jésus est le bon berger (Jn.10:11-14), il est le seul moyen d'accès au Père comme la porte qui donne accès à la bergerie. Les brebis lui ont été données par le Père. Il n'est pas écrit que la brebis, qui a des sabots et non des mains, puisse lâcher la main du Père et perdre son salut comme cela est souvent entendu. Il est écrit et ceci conformément au texte grec : ...*nul ne peut les ravir de la main du Père.* Vous avez mal lu ? Relisez ! C'est Dieu le Fils qui parle et il faut prendre garde à ce qu'il dit. C'est une question que Philippe a posée à l'eunuque Ethiopien : *comprends-tu vraiment ce que tu lis ?* (Actes 8:30). En tournant ce texte au profit des œuvres par lesquelles certains pensent trouver le salut vous pouvez vous tromper vous-même. Revenez sous la grâce de Dieu :
Ne vous en privez pas (Héb.12:15; 2Cor.6:1).
Nous ne falsifions point la Parole de Dieu (2.Co.2:17).

Parabole du Cep et des sarments (Ch. 15:1-10)

Cette parabole est au centre de l'enseignement privé donné par le Seigneur Jésus à ses disciples (Chap.13à17). C'est un encouragement à vivre une vie glorifiant Dieu le Père en même temps que le moyen d'y parvenir. Jésus se présente comme la vraie vigne. Une autre vigne plantée par l'Éternel était féconde et rendait du fruit en abondance.

Au cours des années elle est devenue sauvage, étrangère, souillée par ses cultes païens et ses sacrifices aux faux dieux. Elle a produit de mauvais fruits (Jér.2:21-28; Es.5:2-7; Osée.10:1). Israël, cette vigne stérile et corrompue, rebelle et désobéissante, a été répudiée (Jér.7:8-18).

Il y a une autre vigne, la vraie, à laquelle Jésus s'identifie. Elle est en relation parfaite avec le vigneron. Le Fils et le Père travaillent ensemble au succès de la récolte, l'abondance et la qualité du fruit dans l'Église qui vient. La Bible nous parle du fruit de l'Esprit, comme étant la production de la vie de Christ chez le chrétien : l'amour, la paix, la joie, la patience, la foi, la justice, la libéralité et bien d'autres qualités encore (Gal.5:22ss; Phil.1:11; Ro.6:21,22).

Les sarments sont les enfants de Dieu. Tous ceux qui mettent leur confiance en Jésus-Christ comme leur Sauveur seront remplis du Saint-Esprit.

Le vigneron taille, élague les sarments fructifères et enlève ce que les viticulteurs appellent les gourmands ou les branches qui, en prenant la sève, s'élèvent dans les airs sans porter de fruit. Le vigneron les enlève et courbe les sarments féconds vers le sol puis les attache à un tuteur. Ainsi affaiblis, ils porteront du fruit et non des feuilles éphémères.

Interprétations particulières

Dès le verset 2 les questions se posent sur la qualité du sarment retranché. Les commentaires des exégètes sont divergents et le néophyte aura quelque peine à se faire une opinion. Selon Calvin, il y en a plusieurs qui sont réputés être de la vigne, selon l'opinion des hommes, qui toutefois n'ont pas fait racine en la vigne. Selon Barnes, Dieu peut enlever par la mort une branche improductive dans l'Église à tout moment. Il se réfère à Judas Iscariot, le disciple apostat, ce qui ouvre un débat, celui de savoir si un disciple de Christ peut être apostat. On est disciple ou apostat selon la T.O.B. De plus, si Judas avait été un disciple authentique, comment son Sauveur pouvait-il le livrer à Satan auquel il appartenait ? (Jn.13:26,27; Mat.26:20-25). Judas fut appelé par Jésus : *n'est-ce pas moi qui vous ai choisis, vous les douze ? Et l'un de vous est un démon* (Jn.6:70). Au cours d'un repas commun, Jésus annonça qu'il serait livré par un des convives... *Celui à qui je donnerai le morceau trempé ... Judas prit le morceau trempé et se hâta de sortir. Il faisait nuit* (Jn.13:21, 26, 27,30).

Autre interprétation : Acan, lapidé dans la vallée d'Acor pour avoir volé des choses dévouées par interdit dans la ville de Jéricho (Jos.7:19-22). Acan était un hébreu participant à la conquête du pays de Canaan sous les ordres de Josué le successeur de Moïse. Cet exemple d'un faux disciple vécu dans l'Ancienne Alliance ne nous semble pas transposable dans la Nouvelle.

Ananias et Saphira mentirent sur la valeur d'un bien personnel vendu pour le profit de l'église de Jérusalem, et furent frappés de mort par l'Éternel.

Ce cas a pour cadre l'autorité dûe au Saint-Esprit. (Act.5:1)

    - H.E. Alexander postule pour une faiblesse spirituelle (1Co.3:10-15) quant à la qualité du service du sarment retranché et ajoute que l'âme du disciple sera sauvée, tout le reste n'étant que bois, paille ou chaume.

En Christ ou en Adam ?

Judas Iscariot a quitté le lieu où étaient rassemblés les douze. C'est l'heure de l'intimité des disciples avec le maître qui les console. Il leur révèle pour la première fois des événements futurs auxquels ils sont liés, comme la venue du consolateur, Esprit de vérité, et son propre retour dans les cœurs : *Mais vous, vous me verrez car je vis et vous vivrez aussi. En ce jour-là vous connaîtrez que je suis en mon Père, que vous êtes en moi et que je suis en vous* (Jn.14:15-20). Ce sera une relation nouvelle entre Christ et les membres de l'Église qui sera son corps (Eph.3:6-7).

« EN » signifie être en union ou en rapport avec, dedans, ou dans. L'orthographe de cette préposition est la même en grec et en français.

Paul écrit que Christ vit en lui, et aux Corinthiens *c'est par lui que vous êtes en Jésus-Christ...* (Gal.2:20; 1Cor.1:30). Le péché est universel. Tous sont pécheurs parce que : *Par un seul homme, Adam, le péché est entré dans le monde et par le péché, la mort, et qu'ainsi la mort s'est étendue sur tous les hommes parce que tous ont péché* (Rom.5:12), *La mort est venue par un homme, tous meurent en Adam, de même tous revivront en Christ* (1Cor.15:22). En Christ ou en Adam ?

Le lien entre l'homme et sa postérité

Dieu bénit Jacob et l'assure qu'une multitude de nations sortiront de lui et des rois sortiront de ses reins (Gen.35:11). Dans l'épître aux Hébreux est rapportée la rencontre entre Abraham et Melchisédek à l'occasion du don de la dîme : *...De plus, Lévi qui perçoit la dîme, l'a payée pour ainsi dire par Abraham car il était dans les* *reins d'Abraham son père, lorsque Melchisédek alla au-devant d'Abraham* (Héb.7:9,10).

Jacob, petit-fils d'Abraham par Isaac eut plusieurs enfants dont Lévi. Lorsqu'Abraham donna la dîme à Melchisédek, Lévi était présent <u>en</u> son arrière-grand-père. Toute l'humanité était présente <u>dans</u> les reins d'Adam lorsqu'il transgressa la volonté de l'Éternel. Tout être humain qui naît dans le monde est <u>en</u> Adam. Les reins, comme siège de la vigueur physique sont censés contenir à l'avance toute la postérité de l'homme (T.O.B).

Le pécheur est <u>en</u> Adam. Il lui faut naître d'<u>en</u> haut pour être <u>en</u> Christ. Le croyant est <u>en</u> Christ dès qu'il se soumet à son autorité et confesse ses péchés, il meurt avec lui et naît à nouveau, son péché est effacé par le sang de Christ (Rom.6:3-7; 1Jn.1:9). Le sarment coupé est <u>en</u> Christ :

Tout sarment qui est <u>en</u> moi (v.2) sera le vrai disciple. Le but avoué de cette parabole enseignée aux vrais disciples, est de leur apprendre à porter du fruit. Il n'est pas possible de concevoir Jésus utilisant l'exemple d'un incrédule stérile croissant « <u>en</u> Lui » pour en être séparé ensuite. Parce qu'un incrédule ne peut pas porter de fruit qui glorifie le Père.

Il n'est pas <u>en</u> Christ ; par conséquent, il est privé du Saint-Esprit. Il est impossible d'enlever un mot des écritures du texte original sans courir le risque d'en tordre le sens (2Pi.3:16). Il faut donner son plein sens au mot « <u>en</u> », parce qu'il est présent dans le texte grec.

Illustration : Le jeu de la poupée Russe : Il y a toujours une poupée dans la poupée initiale qui vient remplacer la première.

Il ne porte pas de fruit

Dans son comportement, ses options, ses paroles, personne ne peut distinguer la différence entre ce chrétien et le monde. Il est stérile. La parabole enseigne l'abondance de la vie en Christ et dévoile son secret : « *Demeurer* », ce verbe est utilisé dix fois dont une pour illustrer la relation existante entre le Père et le Fils (v.10). Celui qui ne demeure pas dans le Fils ne porte pas de fruit parce qu'il vit selon le vieil homme.

L'apôtre Paul priait pour ses frères de l'Église de Philippe, demandant à *Dieu que leur amour augmente de plus en plus en connaissance et en pleine intelligence pour le discernement des choses les meilleures, afin qu'ils soient purs et irréprochables pour le jour de Christ, remplis du fruit de justice qui est par Jésus-Christ, à la gloire et à la louange de Dieu* (Phil.1:9-11). C'est une prière pour la croissance spirituelle de chacun des chrétiens de l'église. Dans l'évangile selon Jean au chapitre 12, verset 23-36, Jésus annonce son sacrifice prochain et sa glorification : *Si le grain tombé en terre ne meurt*, dit-il, *il reste seul, mais s'il meurt il porte beaucoup de fruit*. Une vie remplie du fruit céleste repose sur la mort du vieil homme. C'est ce qu'écrit l'auteur de l'épître aux Romains :

Ignorez- vous que nous tous immergés en Jésus-Christ, c'est en sa mort que nous avons été immergés (ou baptisés) ainsi vous-mêmes regardez-vous comme morts au péché et comme vivants pour Dieu en Jésus-Christ. Offrez vos membres à Dieu comme des instruments de Justice (Rom.6:3-13).

Le chrétien n'est pas encore entré dans la gloire. Il sera semblable à son Sauveur lorsqu'il le verra face à face (1Jn.3:2). Aujourd'hui est le temps de l'apprentissage et de la croissance : *...Nous ne cessons de prier Dieu pour vous, nous demandons que vous soyez remplis de la connaissance de sa volonté, en toute sagesse et intelligence spirituelle pour marcher d'une manière digne du Seigneur et lui être entièrement agréable, portant des fruits en toutes sortes de bonnes œuvres et croissant par la connaissance de Dieu* (Col.1:10).

Il est jeté dehors

Le vigneron « enlève » le sarment stérile qui ne porte pas de fruit. Au verset 6 du chapitre 15 de l'évangile selon Jean, on note : *il est jeté dehors comme le sarment et il se dessèche* parce qu'il ne demeure pas <u>en</u> Christ. Le Père enlève le sarment, opération initiale, puis il est jeté dehors. Les deux actions sont distinctes l'une de l'autre. Le verbe retranché est rendu différemment selon le traducteur. Le grec airo est traduit par enlevé chez Segond, ôté chez Darby, coupé dans la Bible de Jérusalem, retranché pour la Bible Ostervald et la Bible à la Colombe. Pour un certain nombre de chrétiens, cela signifie la radiation définitive du disciple et la perte du salut.

Jeté au feu, ramassé, brûlé

Le chrétien sans fruit (au singulier : le fruit de l'Esprit) est jeté dehors, par ceux qui ramassent les sarments. Ils les rassemblent et les brûlent. Dans le texte original, les deux verbes « rassembler et brûler » sont écrits à la troisième personne du pluriel, au présent et au mode indicatif. Ce qui signifie que l'action est actuelle et non future. Ce ne sont pas des événements relatifs au jugement qui touchera l'humanité à la fin de l'âge, les anges rassembleront les élus d'une extrémité des cieux à l'autre, ils sépareront les bons d'avec les méchants qu'ils jetteront dans la fournaise de feu où il y aura des pleurs et des grincements de dents (Mat.13:42-50). Les anges sont les esprits au service de Dieu qui interviennent seuls ou en groupes parfois importants selon les ordres du Seigneur. La Bible abonde de récits de leurs activités auprès des hommes. Dans notre parabole, nulle présence d'anges ayant reçu l'ordre de rassembler les chrétiens qui ne portent pas de fruit et de les jeter au feu. Le feu symbolise la présence de l'Éternel qui éclaire, délivre, purifie, ou juge. Il figure parmi les textes relatifs au jugement divin sur les méchants (Lc.16:24). Les chrétiens sans fruit ne sont pas des méchants ; ce terme est réservé aux rebelles qui s'élèvent contre Dieu et lui font la guerre, ou simplement ceux qui méprisent sa Parole (Es.26:10). L'humanité rebelle sera jetée dans le feu éternel, l'étang de feu et de soufre (Mat.25:41; Apoc.20:14,15). C'est du témoignage qu'est retranché, ou coupé, le chrétien improductif, sans pour autant perdre les avantages du salut par grâce. Ce n'est pas à lui que le Seigneur pourra dire :

Je ne vous ai jamais connus, retirez-vous de moi vous qui pratiquez l'iniquité (Mat.7:23). Dans les dix premiers versets, douze fois Jésus emploie le verbe demeurer, dont une fois remplacé par : en vous. Il n'annonce pas le salut par grâce dans la nouvelle dispensation, mais le moyen de vivre une vie riche et fructueuse par son Esprit, après s'être détourné des pièges de ce monde, ainsi que le moyen de glorifier le Père. Demeurer c'est rester, ce qui indique une position acquise qu'il faut conserver. C'est habiter, résider en Christ.

On les rassemble, on les jette au feu et ils brûlent

« On » est un pronom personnel indéfini. Il désigne les hommes en général, les gens, l'opinion. Il provient du mot latin « Homo » qui par la coutume et l'usage, s'est contracté en « on ». La version anglaise de la Bible King James traduit par « les hommes » ce qui est généralement traduit par on. Les hommes rassemblent ceux qu'ils ne reconnaissent pas comme chrétiens, et s'en débarrassent.

Les anges n'interviennent pas; le mot on est utilisé pour définir l'identité de ceux qui rassemblent et brûlent. Comme le dit H.E. Alexander, le Seigneur fait ressortir ici le jugement du monde sur les chrétiens charnels. Selon l'expression populaire, ces chrétiens sont « grillés ». Ils ne trouvent aucun crédit auprès du monde qui brûle ce qui n'a pas d'intérêt pour lui. Le texte met l'accent sur la production du fruit à la gloire du Père et non sur le salut. Dieu le Père ne jette pas les sarments sans fruit, ou les chrétiens stériles, dans l'enfer de Satan. Les chrétiens sans fruit sont ôtés du témoignage et des responsabilités au sein du corps de Christ pour incapacité. Un individu loin du salut ne peut montrer la vie de Christ. De la même façon un chrétien charnel ne peut manifester son salut parce qu'une vie chrétienne authentique est voilée par ce qui est charnel. Chrétiens charnels et chrétiens spirituels sont également au bénéfice du salut en Christ parce que le salut ne dépend ni de l'expérience, ni du mérite. Le chrétien charnel est encore un bébé en Christ, il est sauvé par la foi mais il doit maintenant se soumettre à celui qui l'a sauvé, Jésus-Christ, afin de vivre une véritable vie de disciple remplie de l'Esprit

(D'après L.S Chafer).

Pour l'anecdote, dans une discussion amicale, Ralph Shallis m'a fait un jour la remarque suivante :

« As-tu vu un bébé avec une longue barbe assis dans sa petite chaise ? ».

Ceux qui vivent selon la chair ne sauraient plaire à Dieu (Rom.8:8). Ce texte intéresse tous les enfants de Dieu. Léon Morris, Principal de Ridley collège à Melbourne, a dit qu'il n'est pas possible d'affirmer qu'un vrai croyant soit abandonné. En effet le baptême de l'Esprit n'a pas de rapport avec les manifestations visibles de puissance dans la vie du chrétien. Ces manifestations sont le résultat de la plénitude de l'Esprit. Les promesses de Dieu constituent l'alliance inconditionnelle de Dieu sous la grâce et ne sont subordonnées à aucun mérite humain : *Je ne mettrai pas dehors celui qui vient à moi* (Jn.6:37-40), *Celui qui écoute ma parole et qui croit à celui qui m'a envoyé a la vie éternelle, il ne vient pas en jugement mais il est passé de la mort à la vie* (Jn.5:24), *Dieu a tant aimé le monde qu'il a donné son Fils unique afin que tout homme qui croit en lui ne périsse pas mais qu'il ait la vie éternelle* (Jn.3:16), *Celui qui croit au Fils a la vie éternelle* (Jn.3:36).

Si un chrétien ne porte pas de fruit, c'est parce qu'il marche selon « l'homme naturel ». Dans son ouvrage Précis de doctrine chrétienne, Jules Marcel Nicole renvoie son lecteur au Canons de Dordrecht, Canon du grec: règle, principe, issu du Synode national des Églises réformées des Pays-Bas tenu à Dordrecht en 1618 et 1619 qui a réuni les théologiens des Églises Réformées de Grande Bretagne, du Palatinat électoral de Hesse, de Suisse, de Genève, de Brême, d'Emden et de la Correspondance de Wedderau. À l'issue de ce synode a été publié un ouvrage dont le contenu portait sur 5 articles de la doctrine chrétienne. On peut lire dans la rubrique: La persévérance des saints alinéas 6, ce qui suit : « Car Dieu qui est riche en miséricorde, selon le dessein immuable de l'élection, ne retire point entièrement des siens le Saint-Esprit, même dans leurs tristes chutes, et il ne permet pas qu'ils tombent au point de perdre la grâce de l'adoption et l'état de justification…et qu'étant totalement abandonnés par lui, ils se précipitent dans la perdition éternelle ». Il est impossible de voir un disciple de Christ éradiqué du salut parce que cela vient en contradiction avec les autres enseignements de la Bible qui assurent au croyant le bénéfice de la vie éternelle.

C'est également ce qu'affirme W. Mac Donald dans son commentaire du Nouveau Testament. (en langue anglaise).

Nous disons

-L'œuvre de Christ est-elle annulée par la stérilité du croyant ? Non, car le fruit dépend de la communion qu'a le croyant avec son Seigneur.

-Tous les chrétiens portent-ils du fruit ? Non, mais ils restent sous la grâce divine :

La volonté de celui qui m'a envoyé, c'est que je ne perde aucun de ceux qu'il m'a donnés, mais que je les ressuscite au dernier jour (Jn.6:39).

-Le manque de fruit est-il un péché ? Non, c'est une faiblesse de croissance spirituelle, qui peut toucher quiconque dans l'église (2Cor.5:10).

Le texte ci-après concerne l'œuvre bâtie par le chrétien et l'action du feu permettant de l'apprécier. Néanmoins il nous assure qu'un chrétien, sans porter du bon fruit, est sauvé ; le fondement du bâtiment c'est Christ et sa Parole :

Or si quelqu'un bâtit sur ce fondement avec de l'or, de l'argent, des pierres précieuses, du bois, du foin, du chaume, l'œuvre de chacun sera manifestée, car ce jour, la fera connaître parce qu'elle se révélera par le feu, et le feu éprouvera ce qu'est l'œuvre de chacun. Si l'œuvre bâtie par quelqu'un sur le fondement subsiste, il recevra une récompense, <u>si l'œuvre de quelqu'un est consumée, il perdra sa récompense; pour lui il sera sauvé, mais comme au travers du feu</u> (1Cor.3:13-16).

Ne savez-vous pas que vous êtes le temple de Dieu, et que l'Esprit de Dieu habite en vous ? Même chez ceux qui ne portent pas de fruit.

Le sceau divin apposé sur le chrétien est la marque indélébile de son propriétaire. Dans tout l'univers il n'est personne qui ait autorité sur ce qui appartient à Dieu. Chaque croyant est la possession de Dieu qui en dispose selon sa grâce (2Cor.1:22; Eph.1:13; 4:30).

Glorifier Dieu

Trois fois le mot chrétien apparaît dans le Nouveau Testament. Deux fois dans le livre des Actes (Ac.11:26 et Ac.26:28), et une fois dans la première lettre de Pierre (1Pi.4:16). Comme nom ou adjectif, c'est ainsi que les incrédules, inamicaux ou ironiques, ont qualifié les croyants. Pierre utilise ce nom à dessein. Il dit ne pas en avoir honte car c'est une grâce d'être disciple de Christ, parce qu'il y a une grande différence entre le monde et ceux que le monde appelle chrétiens, ce qui semble ne plus être le cas aujourd'hui. Francis Schaeffer note que, selon la sémantique, un mot n'a de sens que s'il a un contenu. Le mot chrétien, en tant que symbole, a fini par signifier tout et rien à la fois. À l'inverse, le terme

Mathetes traduit par disciple, est utilisé deux cent soixante-huit fois dans le Nouveau Testament. Mathetes désigne celui qui apprend, en général l'étudiant qui reçoit et adhère à l'enseignement et à la doctrine d'un maître. Ce mot trouve son origine dans le verbe grec «manthano» traduit par apprendre, étudier, s'instruire et, par la suite, comprendre (Mat.13:51).

Celui-là porte du fruit parce qu'il garde les commandements du Maître, il demeure dans l'amour du Fils, comme il demeure dans l'amour du Père et qu'il demeure en Christ.

Il Le glorifie. Glorifier, du grec doxazo, outre le sens de glorifier, peut aussi traduire l'idée de se faire une opinion, croire, penser ou juger, rendre honneur, exalter, célébrer les perfections de Dieu, reconnaître sa souveraineté sur toutes choses comme sur soi-même et s'y soumettre. Le disciple glorifie Dieu pour toutes les grâces qu'Il lui accorde : (Héb.13:15) *C'est le fruit des lèvres qui confessent son nom.*

Le disciple glorifie Dieu par son comportement au milieu des hommes comme étant un exemple aux yeux du monde (Mat.5:16). Après la prédication de Paul, les païens se réjouissaient en entendant toutes ces choses, et ils glorifiaient la Parole du Seigneur : *Tous ceux qui étaient destinés à la vie éternelle crurent et la Parole du Seigneur se répandait dans tout le pays* (Act.13:47-49), *En Lui aussi, après avoir entendu la parole de vérité, vous avez été scellés du Saint-Esprit* (Eph.1:13).

Le disciple est une source d'encouragement pour tous ses frères, comme le furent les Macédoniens et les Corinthiens grâce à leur libéralité destinée à l'église de Jérusalem. Dans ce long passage de la lettre de Paul sur le don à l'église de Corinthe (2Cor.8:1-9:15), il faut noter particulièrement les versets 12 à 15 du chapitre 9 où la libéralité est montrée comme une abondante source de louanges et d'actions de grâce à la gloire de Dieu, pour l'obéissance des donateurs fidèles à leur profession d'un évangile vivant en eux.

L'apôtre Paul pouvait dire que ce n'était plus lui qui vivait, mais Christ qui vivait en lui (Gal.2:20). Il considérait la mort de son vieil homme comme un gain permettant à l'Esprit de Christ d'avoir toute liberté en sa personne. Ce qui était issu de la chair, était englouti par la vie divine (Phil.1:21; 2Cor.5:4).

Le disciple recevant en permanence la sève du Seigneur porte du fruit en lui et autour de lui, et il glorifie son Père qui est dans les cieux. Il existe chez l'homme un certain orgueil l'incitant à croire qu'il peut parvenir à ce qu'il pense être le salut par sa propre justice, ses forces ou certaines règles religieuses. Dieu dit le contraire : *C'est par la grâce que vous êtes sauvés, par le moyen de la foi, cela ne vient pas de vous, c'est le don de Dieu. Ce n'est pas par les œuvres, afin que personne ne se glorifie. Car nous sommes son ouvrage, ayant été créés en Jésus Christ pour de bonnes œuvres, que Dieu a préparé d'avance, afin que nous les pratiquions* (Eph.2:8,10).

Note : Demeurer : en grec méno = habiter, établir

ÉPITRE AUX ROMAINS

À l'olivier sauvage (Ch.11:16-27)

Lorsque le nombre des païens entrés dans l'Église de Christ sera complet, alors le peuple Hébreu sera greffé à nouveau sur la racine sainte qui est la sienne.

L'utilisation du pronom personnel à la deuxième personne du singulier « tu » (v.17) est une forme grammaticale du langage familier souvent utilisé dans la Bible. Ce tutoiement est pratiqué entre les personnes entretenant une relation intime, familiale ou amicale. Paul prend cette liberté du tutoiement comme étant lié aux païens par son apostolat. C'est à l'olivier sauvage qu'il s'adresse, les chrétiens d'origine païenne en général et non à une personne en particulier.

Cet olivier sauvage greffé contre nature sur la racine sainte a été rendu participant de la sève de cette racine: la foi d'Abraham, ce qui est un inestimable privilège accordé aux nations.

...Toi, tu étais un olivier sauvage, tu as été greffé à leur place, et rendu participant de la racine nourricière de l'olivier.

...n'oublie pas que c'est la racine qui te porte..., si Dieu n'a pas épargné les branches naturelles il ne t'épargnera pas non plus (v.17- 21). Ce « tu » fais référence à l'Église des Gentils. La faveur de Dieu est dépendante de la fidélité de cette Église à l'Évangile de la grâce de Dieu en Jésus-Christ. Si les générations deviennent incrédules comme l'est la majorité d'Israël, le même principe ayant conduit le Seigneur à retrancher sa miséricorde à son peuple, à son

rejet et son exclusion, sera appliqué. Dans le livre de l'Apocalypse le Seigneur s'adresse à 7 églises et utilise le pronom personnel à la deuxième personne du singulier « tu ». À Ephèse 22 fois, Smyrne 6, Pergame 9, Thyatire 8, Sardes 8, Philadelphie 10, Laodicée 16, soit 72 fois, contre 5 fois pour « vous ». Nous faisons les mêmes constatations pour ce qui concerne l'Ancien Testament. Par exemple, en Deutéronome chapitre 6 versets 1et 2, l'Éternel s'adresse à Israël : …

Afin que « vous » mettiez en pratique...afin que " tu " craignes l'Éternel.

Verset 3 : *" tu " les écouteras donc, Israël.*

Au cours des siècles de l'ère chrétienne certaines églises ont gardé la Parole de Dieu comme elles l'avaient reçue ; ce sont les églises vivantes par l'Esprit de Christ. D'autres se sont éloignées des vérités évangéliques, sont tombées dans de fausses doctrines, ou se sont mondanisées. Elles ont disparu. Les nombreuses raisons figurent dans chacune des sept lettres adressées aux églises par le Seigneur (Apoc.1:20).

Paul ne s'adresse pas à chaque personne en particulier mais à tout le corps des païens, l'olivier sauvage menacé de retranchement s'il tombe dans l'incrédulité de l'olivier retranché. Aucune conclusion ne peut être faite contre la doctrine d'un décret inconditionnel relatif aux individus. Il s'agit de la chrétienté d'origine païenne en général et non à tel ou tel de ses membres en particulier, selon Frédéric Godet.

Les branches des Nations qui ont été greffées sur l'olivier de la promesse, sont averties que si elles ne demeurent pas par la foi sous la grâce divine, elles seront également coupées, selon C.A.Coates. *C'est par la grâce que vous êtes sauvés, par le moyen de la foi, cela ne vient pas de vous, c'est le don de Dieu* (Eph.2:8). La grâce est un cadeau gratuit, une faveur, une marque de bienveillance. C'est aussi ce qui réjouit, ce qui est beau (Rom.3:24).

La foi est une confiance totale dans les promesses qui nous sont faites. Ici la promesse d'un salut gratuit. Le croyant entre en possession du don de Dieu (cf. Heb:11). Un don est l'abandon à quelqu'un de la propriété d'un bien ou d'une chose. *Cela ne vient pas de vous*, Dieu a pris l'initiative de faire grâce au pécheur repentant et de lui accorder le salut. Dès lors le Saint-Esprit est à l'œuvre chez cet enfant de Dieu afin de le conduire ici-bas jusqu'à sa demeure céleste (Rom.6:23; Es.55:1-8).

Rien ne vient de l'homme !

Le fait de croire qu'il est possible de perdre son salut n'efface jamais ce que Dieu nous a donné et dont il ne reprend rien (Es.43:25; 53:5).

2ème ÉPITRE AUX CORINTHIENS

Le tribunal de Christ (2 Cor. 5:10)

...car il nous faut tous comparaître devant le tribunal de Christ ...

Le service de chaque enfant de Dieu sera évalué. Ce n'est pas le jugement des impies vivant sur la terre depuis le commencement de l'histoire, le jugement dernier. Le tribunal de Christ juge ceux qui lui appartiennent et non les impies. L'évaluation de ce service sera suivie d'une récompense s'il a été satisfaisant, aucune dans le cas contraire. Le tribunal est le lieu où l'on juge, il désigne aussi les juges eux-mêmes. Il n'accorde pas de récompense, mais dans le meilleur des cas déclare le prévenu non coupable.

Les Corinthiens avaient été exhortés à bâtir leur vie non sur l'homme charnel, mais sur le fondement : Christ. Au jour de Christ, l'œuvre de chacun sera révélée. Une vie construite sur Christ sera récompensée et si ce n'est pas le cas, le disciple sera désapprouvé par son Maître, mais non privé de son salut (1Co.3:11-16; 9:27). Il est sauvé par la grâce divine et non par ses œuvres (Rom.4:5). Le terme tribunal, traduit le mot grec dikastérion, de diké justice. Mais dans ce texte dikasterion n'apparait pas, un autre mot est utilisé: béma qui signifie: pas, espace où l'on peut mettre le pied, place élevée, accessible par un pas, trône, tribunal. Il semble que les traducteurs aient une préférence pour le terme dikastérion plutôt que béma. Mais pourquoi avoir traduit par un mot évoquant la sévérité plutôt que l'affection de Jésus pour ses frères ?

Nous préférons ce que nous croyons être la bonne traduction du bon mot au moins dans ce verset :

Car chacun devra comparaître devant le trône de Christ, sur lequel il siège à la droite du Père. Le terme béma se retrouve dans le Nouveau Testament (Traduit selon le contexte par estrade, place du pied ou tribunal) dans les versets suivants : (Mat.27:19; Jn.19:13; Act.7:5; 12:21; 18:12,16, 17; 25:6, 10, 17; Rom.14:10; 2Cor.5:1).

ÉPITRE AUX GALATES

Les Galates

La Galatie était une province située au centre de l'actuelle Turquie. Elle était habitée par différentes tribus venant d'Allemagne, du sud de la France, et de la Gaule comme l'indique la racine de son nom. Les Galates, soumis à Rome, avaient conservé leurs religions nationales, le druidisme, mélangé au culte de Zeus et de Cybèle, en plus de celui des dieux Phrygiens. Les Juifs de la diaspora s'y installèrent, protégés par des franchises particulières.

Ce fut l'apôtre Paul, accompagné de Barnabas, qui fonda les églises de Galatie. (Ch. 5:2, 3, 4)

L'Epitre

Elle est motivée par l'arrivée, en Galatie, de faux docteurs enseignant des hérésies. Les disciples de Christ devaient, disaient-ils, observer la Loi de Moïse. L'ensemble de la lettre est consacré au rétablissement des vraies doctrines du salut et à la réfutation des fables judaïques (Tite.1:14). La mémoire des chrétiens Galates avait besoin d'être sollicitée. Ils avaient reçu la bonne nouvelle du salut en Jésus-Christ avec un cœur ouvert. Devenus disciples de Christ, ils étaient appelés à croître vers la maturité, celle du Maître qui les habitait. (Gal.3:2, 3, 5 et 15). La lettre nous apprend qu'ils étaient tous fils de Dieu par la foi en Jésus-Christ, baptisés en Christ, et qu'ils avaient revêtu Christ.

Dieu avait envoyé dans leur cœur l'Esprit de son Fils, ils étaient désormais connus de Dieu (Gal.3:26, 29).

Les faux frères

Ils troublaient les membres de L'Église en renversant la bonne nouvelle du salut et prétendaient qu'à la foi il était nécessaire d'ajouter les œuvres afin de mériter le salut (Gal.1:7). Certains chrétiens étaient indécis. Voulaient-ils connaître à nouveau l'asservissement à de faibles et misérables éléments? Paul se posait la question. Ils pensaient devoir observer les jours, les mois, les temps, les années, c'est-à-dire le calendrier Juif de l'Ancienne Alliance, avec ce qu'il comportait comme fêtes, sabbats, périodes de l'année et observances particulières nécessaires durant la dispensation de la Loi, maintenant obsolètes (Gal.4:10). La circoncision était imposée comme une contrainte nécessaire par tous ceux qui voulaient se rendre agréables selon la chair, uniquement afin de ne pas être persécutés pour la croix de Christ (Gal.6:12). Paul craint que son ministère auprès des Galates soit sérieusement affecté.

L'hérésie

Elle était l'œuvre de la chair. Ces faux docteurs formaient un groupe détaché de la foi véritable. Ce groupe était classé comme étant une secte. Il agissait avec insistance et un fort esprit de parti, même sans avoir abandonné les bases intellectuelles de la sainte doctrine. C'était une secte zélée pour séparer les chrétiens de l'apôtre Paul afin de les assujettir à leur corruption et en tirer gloire (Gal.4:17). Cette hérésie appelée Judéo-chrétienne fut condamnée par le Concile de Jérusalem en 51 ou 52 (Act.15:24ss), mais cela n'a pas empêché certains de ces faux docteurs de persévérer dans leur enseignement erroné.

De plus ils critiquaient sans ménagement l'apôtre Paul; ils arguaient que, n'ayant pas connu Jésus et n'ayant pas fait partie des douze, il n'avait aucune autorité dans son enseignement qui était irrecevable. Ce à quoi l'apôtre répond avec vigueur: il a reçu l'évangile par une révélation de Jésus-Christ.

De plus, les colonnes de l'Église, Jacques et Céphas lui ont tendu la main d'association, reconnaissant la validité de son apostolat auprès des païens (Act.9:4, 5, 15; Gal.1:12-19).

La circoncision

Seuls les chrétiens Gentils étaient appelés à se faire circoncire par les faux frères. Les Juifs étaient circoncis dès l'âge de 8 jours (Lév.12:2).

La circoncision était le signe de l'alliance entre Dieu et Abraham et sa postérité. Elle représentait un acte de purification, en même temps qu'un signe de délivrance des désirs de la chair. Ces œuvres sont désormais accomplies par Jésus-Christ. C'est pourquoi, Moïse exhortait le peuple Hébreu à l'obéissance et à l'amour, l'appelant à circoncire son cœur, et à ne plus raidir la nuque. Sous l'Ancienne Alliance Mosaïque, cette circoncision était obligatoire pour tout étranger habitant au sein du peuple Hébreu afin de pouvoir participer à la Pâque : *Tout mâle devra être circoncis* (Gen.17:12; Ex.12:48; Dt.10:16).

La Nouvelle Alliance en Christ a supprimé cette obligation pour tous ceux nés de nouveau, Juifs comme Gentils : *Tous sont purifiés une fois pour toute par l'offrande du sang de Jésus-Christ* (Heb.10:10). L'argument des faux docteurs ne reposait sur aucun fondement doctrinal; ils présentaient néanmoins la circoncision comme une obligation scripturaire. Paul répondit que cela n'était pas vrai! C'est la foi en Christ qui est incontournable. Certains de ces Galates étaient de jeunes convertis, sans expérience, enfantés dans la douleur, encore soumis à leurs indécisions quant à la direction de leurs options chrétiennes (Heb.5:13, Gal.4:19). Cette immaturité va encourager les faux docteurs dans leur propagation de l'erreur contre laquelle se dresse l'apôtre, aussi demande-t-il à ses lecteurs quels sont ceux qui les ont ainsi envoûtés. Ce terme est utilisé à propos d'une personne dominée par une puissance telle que la magie. Envoûté, du grec ébaskanen de baskainó, peut également se traduire par ensorcelé ou victime d'un sort (Gal.3:1).

L'espérance
Par bonheur, le si de *si vous vous faites circoncire*, est rassurant; il indique que la circoncision n'aurait pas été pratiquée (Gal.5:2).
Dans le cas contraire, Christ ne leur servirait à rien, parce que tout ce qui est ajouté à la grâce de Dieu n'a aucune valeur. Pour celui qui est en Jésus-Christ, être ou non circoncis est sans importance, ce qui est quelque chose c'est d'être une créature nouvelle (Gal.5:6; 6:15). Mais ce n'est pas ce que prétendaient les faux docteurs, dont l'enseignement était semblable au levain qui corrompait la pâte. Le levain est, au sens biblique le symbole du mal, de la méchanceté. Sous l'Ancienne Alliance, il était interdit d'en faire usage dans les offrandes destinées à l'Eternel. (Lév.2:11; Gal.5:6-9,15). Comme agent de corruption, il est l'emblème des doctrines pernicieuses. Jésus met en garde ses disciples contre le levain des Pharisiens et des Sadducéens (Lc.12:1). Ici, il désigne l'enseignement des

faux docteurs désirant mettre fin à la course des frères vers la maturité spirituelle, pour les engager à marcher selon le vieil homme et non selon l'Esprit (Gal.5:16).

Ils appelaient à la circoncision pour « plaire à Dieu ».

Les Galates ne distinguaient pas le caractère subtil de cette proposition; cela leur vaut le rappel de leur nouvelle position en Christ: Si vous vivez par l'Esprit laissez-le diriger votre conduite, parce que bien qu'étant enfants de Dieu vous pouvez marcher selon votre vieil homme. Si vous marchez selon votre vieil homme, Christ n'interviendra plus dans votre vie, votre croissance sera arrêtée (Gal.5:1,2).Vous demeurerez incapables de vous nourrir par vous-même de la Parole de Dieu. Vous serez soumis à toutes les mauvaises influences comme celles que vous connaissez aujourd'hui, Christ ne vous servira à rien. Le mot servir est la traduction du verbe opheléo qui, sous la plume des écrivains Grecs, signifiait « ne pourra vous aider, vous assister, vous être utile, vous rendre service, ou encore vous n'en retirerez aucun profit, aucun avantage ». Cela signifie que toute assistance que vous accorde le Seigneur sera suspendue. Rien dans le texte ne nous laisse supposer que la grâce du salut en Christ est supprimée. Il est écrit que si la circoncision devait être pratiquée, Christ ne pourrait plus intervenir dans l'aide, l'assistance, le service au profit du disciple qui cherche une sanctification par le moyen de ses propres œuvres.

Digression

1- Le chrétien est juste parce que sauvé de la colère divine par Christ, son substitut jugé et condamné à sa place; il est racheté, purifié par le sang de Christ. Il n'est plus en Adam mais en Jésus-Christ, et ceci est irrévocable (Rom.11:29). Il est devenu fils ou fille du Père céleste et, à ce titre, héritier de tout ce qui existe dans le Seigneur Jésus. Il est saint, mis à part. C'est la position que Dieu lui accorde dans sa grâce en vertu de l'offrande du corps du Christ une fois pour toutes (Heb.10:10). Il est entièrement accepté par Dieu, car il est justifié par l'œuvre de Christ à la croix.

      2- Aucun chrétien n'a, ici-bas, atteint la perfection du comportement auquel il est appelé, mais Dieu le considère comme parfait. Justice lui a été faite à la croix. Son Père céleste s'occupe désormais de son éducation.
À Corinthe, et c'est un fait connu, certains membres de l'église locale n'avaient pas une attitude honorant le Seigneur (1Cor.3:1-3), et la communauté tolérait un cas d'inconduite tel qu'il n'était pas pratiqué chez les païens. Pourtant il est écrit que tous étaient saints: ... *à ceux qui ont été sanctifiés en Jésus-Christ, appelés à être saints, à tous ceux qui invoquent en quelque lieu que ce soit le nom de notre Seigneur...* (1Cor.1:2). Ces chrétiens étaient sanctifiés et pourtant appelés à être saints. Saints parce que c'était la position qui était la leur par la grâce de Dieu, et appelés à être saints par une vie soumise au Saint-Esprit, afin de croître dans le Seigneur et porter du fruit à Sa Gloire (Mat.13:8). En quelque sorte, devenez ce que vous êtes soyez des hommes, ne restez pas des enfants immatures. Cela est rendu possible par l'intervention du Saint-Esprit, les instructions de la Parole de Dieu et le ministère de Christ. La nature humaine est entièrement déchue mais n'est jamais éradiquée du cœur de l'homme. C'est pour cette raison que le vieil homme est mis à mort avec Christ. *De même que vous avez livré vos membres comme esclaves à l'impureté et l'iniquité pour arriver à*

l'iniquité, ainsi maintenant livrez vos membres comme esclaves à la justice pour arriver à la sainteté (Rom.6:11,19). Certains chrétiens peuvent connaître des faiblesses et marcher avec difficulté, les raisons regardent le Seigneur, mais ils peuvent avoir une conscience pure. Dieu ne demande jamais à son enfant plus qu'il n'a reçu (Rom.14:13ss). D'autres sont plus adultes dans la connaissance et l'obéissance, plus obéissants dans leur marche avec le Saint-Esprit. Ils sont reconnus dans l'Église par leurs ministères et leurs dons. Personne ne se glorifie, seul le Seigneur est glorifié (1Cor.4:6,7; Rom.15:1). L'état de la sanctification de chacun est relatif. Parfois cette marche vers une maturité accomplie est arrêtée par la résistance du sujet, mais tous *sont appelés à tendre vers la perfection* (2 Cor.13:11). C'est-à-dire vers le terme de la construction de l'enfant de Dieu qui est la stature de Christ (1Jn.3:2). Dieu accorde son plein pardon au pécheur repentant et ce pardon est définitif. Dès lors il est pleinement accepté comme étant parfait. C'est sa position selon la volonté divine. Cette position est définitive. Jour après jour, la résurrection de Christ deviendra la sienne pour l'amener à la maturité (Gal.5:16). La victoire est assurée. Ceux qui sont à Christ ont crucifié la chair avec ses passions, le vieil homme est mort avec Christ et l'homme nouveau est ressuscité avec Lui (Eph.2 :6). Dieu a anticipé la mort et la résurrection de son disciple en l'identifiant à Christ dans Sa mort et Sa résurrection. Le bébé spirituel va devenir un adulte spirituel et porter du bon fruit à la gloire de son Maître (Mat.7:18). Il va croître vers la perfection

(N.B.: Perfection en grec «Téleios » achevé, adulte, parfait, arrivé à l'accomplissement).

Danger du rachitisme

La Seigneurie de Christ était discutée *au profit d'un retour vers de faibles et pauvres arguments* (Gal.4:9). Paul craignait de voir l'apostasie entraver son œuvre d'évangélisation ainsi que la croissance du christianisme au profit de l'extension du Judaïsme chez les Gentils. Il réagit avec vigueur: ne vous arrêtez pas en si bon chemin! Certains chrétiens étaient peut-être infantiles mais ils étaient de vrais disciples de Christ; leur comportement était encore charnel. Ce n'est pas une nouveauté dans les églises locales. Ils pensaient sincèrement servir Dieu et l'honorer par leur obéissance, en ajoutant la circoncision à la grâce, mais leur salut n'était nullement affecté, plutôt leur dépendance du Saint-Esprit. L'exhortation à vivre selon l'Esprit est une instruction qui leur est adressée à eux comme à nous (Gal.5:16-25). Galates, marchez selon l'Esprit que vous avez reçu, ne laissez pas place aux œuvres de la chair toujours en guerre contre l'Esprit de Christ. La véritable circoncision est celle du cœur, celui qui est conduit par l'Esprit est un homme libre, il n'est plus esclave de la Loi (Rom.2:29; 8:2). Ces Galates étaient immatures, mais sauvés.

Un autre avertissement

Le verset 3 du chapitre 5, de cette épître aux Galates commence par une attestation ou adjuration du grec marturomai, (mártus: affirmation solennelle) c'est une instante prière, une supplication à tout homme qui voudrait se faire circoncire. Cette attestation n'est pas nouvelle, elle apparaît pour la première fois dans le chapitre 3 au verset 10. Elle est sévère et sans appel. Ceux qui cherchent leur justification dans l'obéissance à la Loi sont sous la malédiction (Gal.3:10). Seul le sang de Christ sauve le pécheur qui se trouve alors sous la bénédiction. Cette adjuration s'adresse en premier lieu, et pour leur instruction, aux chrétiens visés par les faux docteurs. La circoncision n'est pas un acte isolé permettant d'obtenir les privilèges accordés à Abraham et à sa descendance (Gen.17:1-15).

Elle est la porte d'entrée du Judaïsme avec tout ce qu'il comporte d'obligations légales, comme les sacrifices, l'observation de la Loi de Moïse, la pratique des 613 mizvots (commandements). *La Loi n'a rien amené à la perfection* (rien achevé Héb.7:19). Jésus a tout accompli (Jn.19:30). Opposé aux apôtres, il existait un parti qui n'était pas considéré comme doctrinalement pur. Au salut en Jésus-Christ il ajoutait la loi de Moïse. C'est ce parti qui bouleversait la Galatie. Frédéric Godet, docteur en théologie et professeur à la Faculté de L'Église indépendante de Neuchâtel (Suisse), suggère que ce parti est celui que Luc appelle *ceux de la circoncision* opposé aux apôtres, ou encore *quelques-uns des Pharisiens qui avaient cru*, probablement du nombre des sacrificateurs qui avaient obéi à la foi (Act.7:2;15:5). Ils proposaient de circoncire les croyants Gentils et de leur prescrire d'observer la Loi de Moïse (Act.15:15). En cela ils restaient fidèles à l'Ancienne Alliance qui demandait la circoncision des païens convertis au judaïsme afin de les intégrer à Israël Cela était juste dans l'Ancienne Alliance mais sans valeur dans la Nouvelle (Ex.12:48). Au salut par grâce ils ajoutaient la Loi de Moïse, au don gratuit, la propre justice par les œuvres. Bien que croyants dans le prophète Jésus, ils mettaient de côté son aspect messianique et rédempteur. Tout compte fait, ils avaient une dispensation de retard et devenaient les auteurs d'un conflit qui bouleversait l'Église de Christ. Le *À tout homme* s'adresse en second lieu aux Gentils païens cherchant un moyen de sanctification et de bénédiction par la circoncision qui pourrait leur être proposée. Il était bien naturel pour l'apôtre des païens de se tourner vers les nations dont les Galates faisaient partie. Le Seigneur Jésus l'avait choisi pour porter l'évangile aux païens, aux rois, et aux Juifs (Act.9:6-15). Il interpelle les Galates encore inconvertis dans l'église, pouvant être en contact avec les faux frères judaïsants.

Une troisième situation

Nous la trouvons au verset 4 du chapitre 5: *Vous avez rompu avec Christ vous qui par la Loi cherchez à être justifiés, vous êtes déchus de la grâce.*

Ce passage de la lettre, tout comme d'autres, a fait l'objet de plusieurs interprétations. Les voici :

- Certains pensent qu'il est possible d'abandonner la grâce en Jésus-Christ, s'en détourner et perdre son salut.

- D'autres pensent que, même sauvés par grâce, les chrétiens peuvent achever leur sanctification par l'observation des préceptes de la Loi.

- Enfin, les déchus de la grâce, séparés de Christ, seraient des chrétiens de nom, soumis à la Loi de Moïse.

Ces trois interprétations résumées ici ne paraissent pas satisfaisantes.

Rappelons d'abord que le salut est l'œuvre de Dieu en faveur de l'homme. Dieu sauve le pécheur par sa grâce en dehors de tout autre moyen. À lui seul appartient l'initiative de l'appel (Rom.9:5).

Il fait miséricorde à qui il fait miséricorde et prend pitié de qui il veut prendre pitié. Devenir enfant de Dieu ne dépend ni de celui qui veut ni de celui qui court mais de Dieu qui fait miséricorde à qui il veut et qui endurcit qui il veut (Rom.9:14-18).

Un bébé qui vient de naître n'a rien fait pour naître. Son apparition dans le monde est le résultat d'un acte d'amour, il en est de même pour celui qui « naît de nouveau » (Jn.3:16). *Ceux qu'il a prédestinés, il les a appelés, Le dessein d'élection de Dieu subsiste sans dépendre des œuvres et par la seule volonté de celui qui appelle* (Rom.8:30; 9:11). *Paul serviteur de Jésus-Christ «appelé» à être apôtre, mis à part pour annoncer l'évangile de Dieu* ... est la première ligne de l'épître aux Romains. Le mot Église, corps spirituel construit sur la foi en Christ est traduit du grec « ek kaléo ».

Il signifie « appelé hors de ». Ce verbe est utilisé pour désigner l'assemblée des citoyens Grecs convoqués par un héraut afin de partager les affaires de la cité à l'agora (ou assemblée du peuple). Le héraut de l'Église est Jésus-Christ (1Pi.5:10) celui qui appelle au Royaume de Dieu et c'est Dieu qui produit le vouloir et le faire selon son bon plaisir en celui qu'il a appelé (Phil.2:13). Il n'est pas concevable que des païens convertis au christianisme délaissent leur salut en Christ pour se soumettre au judaïsme et persévèrent à fréquenter l'église locale à qui cette lettre circulaire est adressée. Le verset 4 nous indique de quel jugement sont frappés ceux qui cherchent leur salut par l'obéissance à la Loi : Ils sont privés de la grâce accordée à ceux qui, par la foi en Christ sont libres de la condamnation (Rom.4:5-8).

La rupture et la déchéance

La justification est l'acte par lequel Dieu déclare juste le pécheur. Christ a porté son péché sur la Croix. Cette justification est gratuite, reçue par la foi. Dieu n'efface pas simplement le péché, il condamne le pécheur qui trouvera un substitut en Christ (Rom.3 :22, 5:19 ; Lév.17:11). Le grec du Nouveau Testament écrit Dikaioo traduit par justifié en français. Diké c'est la justice et Dikaioma l'acquittement. *…ils sont gratuitement justifiés par sa grâce, par le moyen de la rédemption qui est en Jésus-Christ. C'est lui que Dieu a destiné à être par son sang, pour ceux qui croiraient, victime propitiatoire…* Du grec ilastérion ou moyen d'expiation (Rom.3:25; Héb.9:5).

La rédemption du grec Apolutrosis est la libération par le paiement d'une rançon. Ici, la délivrance de celui qui est esclave du péché (Rom.8:23). La justification est une grâce divine. Dans un sens biblique, grâce est la traduction du grec charis soit: charme, amabilité, bienveillance, faveur, ce qui est plaisant (Lc.4:22; Act.20:24; Gal.2:21; Héb.2:9; Col.2:13). C'est une faveur accordée à celui ou à celle qui accepte la médiation de Christ. Médiateur = qui se tient entre les deux parties (du grec mésites, 2Tim.2:5).

Rompu est une traduction de Katargeo ici Katergethété indiquant une action passée dans un temps indéterminé. Ce verbe est souvent apparent dans le Nouveau Testament. Il signifie annuler, abolir, abroger, faire disparaître, rendre inutile, être dégagé.

Déchu du grec ékpipto, ici ékepésate indiquant lui aussi une action passée en un temps indéterminé. Il revêt une signification voisine dans plusieurs traductions : tomber de, hors de, perdre sa valeur, être détaché, perdu, devenu caduque. Tous ceux qui cherchent leur justification dans l'obéissance à la Loi, comme le font les faux docteurs et leurs disciples, sont privés de la grâce et à fortiori du Saint-Esprit (Gal.5:16-26).

Grâce : elle ne s'arrête pas à la conversion, elle est acquise définitivement par l'enfant de Dieu. Il ne peut plus connaître la mort spirituelle. Il est gardé par cette grâce qui lui a été faite, et ce pour l'éternité.

Père Saint, garde-les en ton nom que tu m'as donné afin qu'ils soient un comme nous...J'ai gardé ceux que tu m'as donné et aucun ne s'est perdu sinon le fils de perdition, afin que l'Écriture soit accomplie. La paix de Dieu garde leur cœur en Jésus-Christ (Phil.4:7, Jn.17:11,12), *Par la puissance de Dieu ils sont gardés par la foi pour le salut prêt à être révélé dans les derniers temps* (2Pi.1:4; 2Tim.1:12; Jud.24). Les Galates ont été arrêtés dans leur croissance, et non dans leur foi en laquelle ils restent fermes. Ils doivent apprendre à marcher selon l'Esprit, être conduits par l'Esprit, ils ne sont pas sous la Loi de Moise (5:7-29). Les faux docteurs et ceux qui les suivent ne désirent pas donner le mérite de leur propre salut à un autre et restent rebelles à toute médiation, viendrait-elle du ciel. Pour cette raison, ils sont dégagés de la foi en un Sauveur, qui, pour eux, est sans valeur. Leur orgueil naturel devient un piège. Le vieil homme cherche la justification dans l'obéissance à la Loi, *il est sous la malédiction ...car personne ne sera justifié par les œuvres de la loi...la loi conduit à la mort* (Gal.2:16-19;3:10-12), c'est la position de « vous tous » les légalistes qui refusez la grâce

(Gal; 5:4). L'homme nouveau est une nouvelle création (Gal. 6:15) il est en Christ, *il a été baptisé dans la mort de Jésus- Christ, enseveli avec lui, devenu une même plante avec lui et ressuscité avec lui pour marcher en nouveauté de vie. Il n'est plus esclave du péché, car celui qui est mort est libre du péché qui n'a pas de pouvoir sur lui, puisqu'il n'est plus sous la loi, mais sous la grâce* (Rom.6:2-11). Ici sont les chrétiens Galates.

<u>Où trouver le verbe rompu ?</u>
Luc.13:7; Rom.3:3, 31; 4:14; 6:6; 7:2, 6; 1Cor.1:28; 2:6; 6:13; 13:8, 10, 11; 15:24, 26; 2Cor.3:7, 11, 13, 14; Gal.3:17; 5:4, 11; Eph.2:15; 2Th.2:8; 2Ti.1:10; Héb.2:14.
<u>Où trouver le verbe déchu ?</u>
Mc.13:25; Act.2:7; 27:17, 26, 29, 32; Rom.9:6; 1Cor.13:8; Gal.5:4; Jac.1:11; 1Pi.1:24; 2Pi.3:17; Apo.2:5.
<u>Où trouver le mot abandonner ?</u>
Act.26:27.
<u>Sans effet ou mis en échec dans :</u>
Rom.5:16, 20; Rom.9:6.

ÉPITRE AUX PHILIPPIENS

L'Église

Krénidès du grec Κρηνίδες, petite ville Grecque de la Thrace, fût conquise par Philippe II de Macédoine, père d'Alexandre le Grand, qui lui donna son nom après l'avoir fortifiée, agrandie et embellie. Accompagné de Silas, Paul évangélisa la ville vers l'an 52. Plusieurs crurent en Jésus comme leur Sauveur. Une servante, habitée par un esprit satanique suivait Paul et Silas pendant plusieurs jours. Elle criait avec force qu'ils annonçaient la voix du salut. Paul, excédé, se retourna et chassa l'esprit impur.

Cette délivrance valut aux missionnaires d'être traduits devant la justice de la ville après une plainte déposée par les maîtres de la servante pour le manque à gagner que cela représentait pour leur bourse. Cette épreuve tourna en bénédiction. Le geôlier de la prison, dans laquelle furent jetés Paul et Silas, se convertit avec sa famille ainsi que plusieurs témoins (Act.16:12-15,25-34).

De ce travail missionnaire naquit une église vivante, qui par la suite, reçut deux fois la visite de Paul. Elle croissait en nombre et en connaissance de la personne de Jésus-Christ. Loyale envers Paul, auquel elle était profondément attachée, elle participa à son ministère par la prière et à ses besoins matériels d'une manière active. Les relations les unissant étaient pleines d'affection familiale. L'épître fut écrite depuis la maison de César (Phil.4:22), ce qui laisse penser à Rome dans les années 61 ou 62, et en reconnaissance pour les dons apportés par Epaphrodite (Phil.4:15).

Travaillez à votre salut (Ch.2:12)

Enrichissante à bien des égards, sa lecture peut parfois demander une attention particulière nécessitée par la traduction du texte original. C'est le cas du verset 12 du chapitre 2 : *Travaillez à votre salut.* Nous avons compulsé 15 traductions de langue Française et avons constaté des écarts assez sensibles entre le texte original et sa traduction.

- Les traducteurs des versions Synodale, Ostervald, Darby, Jérusalem, Segond, Moines de Maredsous,
 Société Protestante de Paris choisissent : travaillez à votre salut.
- La version dite à « la colombe » de Thompson préfère : *Mettez votre salut en action.*
- Le Maistre de Sacy : *Opérez votre salut.*
- Kuen : *Menez à bonne fin le salut qui vous est donné.*
- La Société Biblique de Genève et la traduction de Louis Second avec les mots d'aujourd'hui ainsi que :
- La TOB : *Mettez en œuvre votre salut.*
- Le français courant : *Menez à bien votre salut.*
- La Bible du Semeur : *Faites fructifier votre salut.*

Le désir de l'apôtre est que la piété des Philippiens apparaisse dans toute leur manière d'être et d'agir (Ch.Rochedieu). Le salut dont il est question ici n'est pas celui de l'âme, mais des victoires sur les pièges qui arrêtent le chrétien dans son obéissance à la volonté de Dieu. (W.MacDonald).
Le 19e Concile de l'Église Catholique Romaine eut lieu à Trente (Italie), présidé par le Pape Paul III dans les années 1545 à 1563.

Ce Concile se déroula sur trois périodes et jeta les bases de la contre-réforme. Ses décisions constituent le cadre dogmatique de référence du Catholicisme comme la transsubstantiation (contre l'Eucharistie de Luther) la confession nécessaire à la pénitence, l'extrême onction vue comme un sacrement, la messe, le baptême, la confirmation, l'onction des malades, l'Ordre, le mariage agréés également comme des sacrements (c'est-à-dire ce qui devrait conférer la grâce et sanctifier). Il suit de ces conclusions que personne n'est assuré du salut et de la persévérance comme l'a déclaré le concile de Trente (sess. VI De justificat. XII) qui frappe d'anathème quiconque, à moins de révélation spéciale, se prétend absolument et infailliblement certain qu'il aura le don de persévérance (Canon 10). La Grâce, d'ailleurs, ne supprime pas le libre arbitre; c'est nous qui voulons et qui agissons. Dieu opère en nous en vue et dans la mesure de la bonne volonté…d'où l'obligation pour nous de ne pas nous relâcher…, cite un rapporteur.

Tout ceci vient en contradiction avec l'affirmation de l'apôtre Paul lorsqu'il écrit aux Galates : *...ce n'est plus moi qui vit, c'est Christ qui vit en moi* (2:20). Paul III convoqua avec succès le Concile de Trente le 15 mars 1545. Jules III, Marcel II, Paul IV et Pie IV lui succédèrent. Le Concile fut clôturé le 14 décembre 1563 (histoire des Conciles PUF n° 1149 par René METZ).

Excursus

Ce n'est pas au Concile de Trente d'apprécier lequel sera sauvé et lequel ne le sera pas. Dieu seul a cette autorité et il ne la partage avec aucun autre : Mais nous lui rendons grâce car il nous a choisis (2Thess.2:13). Aucun chrétien, enfant de Dieu, ne peut être anathème (du grec Anathema de anatithemi = maudit) : Christ a été fait malédiction pour nous (Gal.3:13).

C'est par la grâce que nous sommes sauvés, au moyen de la foi, et cela ne vient pas de nous, ce n'est point par les œuvres afin que personne ne se glorifie (Eph.2:8,9).

Il n'y a plus de libre arbitre mais un contrôle permanent de l'Esprit Saint sur le croyant, mettant en lui le vouloir et le faire selon son dessein bienveillant.

Qu'en dit l'écriture ?

Mais maintenant, sans la Loi, est manifestée la justice de Dieu, à laquelle rendent témoignage la loi et les prophètes, justice de Dieu par la foi en Jésus-Christ pour tous ceux qui croient. Il n'y a pas de distinction, car tous ont péché et sont privés de la gloire de Dieu; et ils sont gratuitement justifiés par sa grâce, par le moyen de la rédemption qui est en Jésus-Christ. C'est lui que Dieu a destiné, à être par son sang pour ceux qui croiraient, victime propitiatoire, afin de montrer sa justice, parce qu'il avait laissé impunis les péchés commis auparavant, au temps de sa patience, il montre ainsi sa justice dans le temps présent, de manière à être juste tout en justifiant celui qui a la foi en Jésus. Où est donc le sujet de se glorifier ? Il est exclu. Par quelle loi? Par la loi des œuvres ? Non, mais par la loi de la foi. Car nous pensons que l'homme est justifié par la foi sans les œuvres de la loi (Ro.3:21-28). *Si c'est par la grâce ce n'est plus par les œuvres* (Ro.11:6). Travaillez à votre salut pourrait être paraphrasé ainsi: Travaillez à votre champ. L'agriculteur est propriétaire de son champ. À moins de le laisser en friche, son travail est de le mettre en valeur afin de récolter le fruit de son labeur.

Il lui faudra attendre du ciel ce qui est nécessaire à la germination, la croissance et la maturité de la semence. Alors sa récolte abondante, cultivée avec amour, fera les délices de sa famille, de ses amis et de ses voisins consommateurs, satisfaits de la qualité de ses produits. Il trouvera la confiance et la fidélité auprès de tous. Ceci pourrait être également une parabole du verset 12: Vous brillerez dans les ténèbres de l'incrédulité comme une lumière de vérité. Irréprochables puisque Dieu lui-même produira en vous le vouloir et le faire selon le bon plaisir de sa volonté. Vingt-quatre fois le verbe Katergazomai apparaît dans le Nouveau Testament. Il est traduit par produire quatorze fois, par accomplir cinq fois, effectuer deux fois et une fois seulement pour chacun des verbes préparer, commettre et faire. Enfin l'interlinéaire grec-français de Maurice Carrez traduit le verset 9 du chapitre 2 de l'épître aux Romains, par *mettre en œuvre* ce qui équivaut à produire. L'épître aux Philippiens chapitre 2, verset 12 est traduit par *produisez*. Le verbe faire est utilisé une fois par Paul dans l'Épître aux Romains chapitre 15, verset 18 et c'est Christ qui fait : *... Je n'oserai pas mentionner ce que Christ a fait par moi pour conduire les païens à l'obéissance...* Ainsi Dieu produit le vouloir et le faire, et Jésus conduit son enfant dans son ministère. Paul accrédite l'idée d'aller jusqu'au bout de ce que le salut a pleinement accompli chez le croyant qui doit « être » avant de « faire »

William Barclay cite le verset 12 du chapitre 2 de cette épître en communiquant l'idée d'apporter la preuve de notre salut. Nous dressons un petit inventaire indiquant les différents sens attribués au verbe Katergazomai. Sources:

Interlinéaire grec-français du Nouveau Testament de MM Carrez et Morel, Englishman's greek concordance de Bagster, the Analytical Greek Lexicon de Bagster, Dictionnaire grec-français de Bailly.

Produire : Rom.4:15; 5:3; 7:8, 13, 15; 2Co.4:17; 7:10, 11; 12:12; Phil.2:12; Jac.1:3, 20.
Accomplir : Rom.7:15, 17, 18, 20; 1Pi.4:3.
Mettre en œuvre : Rom.2:9.
Effectuer : Eph.6:13; 1Cor.5:13.
Préparer : 2Cor.5:5.
Faire : Rom.15:18.
Commettre : Rom.1:27.
Et d'autres traductions possibles: achever, exécuter, élaborer, créer, parvenir (à son but), faire ressortir, faire valoir, faire paraître, réussir.

Si je puis parvenir à la résurrection (Ch3:11)

Ce chapitre est plein d'enseignements pour les Chrétiens de Philippes et bien davantage pour l'Église d'aujourd'hui. Paul se compare à un athlète. Il court sur une piste semblable à celle d'Olympie où les Grecs se disputaient la suprématie de leur cité. Il n'a pas encore atteint le but après lequel il soupire : la pleine stature de Christ. Il était en droit de se prévaloir, dit-il, des avantages dus à sa race d'Israélite, de la descendance de Benjamin, de sa circoncision selon les préceptes de la Loi envers laquelle il était irréprochable. Avec une grande humilité il reconnaît ses imperfections et tout le chemin qu'il lui reste à parcourir afin d'atteindre une totale résurrection. Il jette aux ordures tout son passé, pour connaître Christ dans son intimité par la puissance de sa résurrection, la communion de ses souffrances et sa mort expiatoire. En d'autres temps et circonstances les témoins de la foi sont cités en exemple :

...subissant l'écartèlement, refusant la délivrance pour obtenir une meilleure résurrection (Héb.11:35). Tant il est vrai que la foi rejette certaines délivrances dans des situations extrêmes : *Moïse regarda l'opprobre de Christ comme une richesse plus grande que les trésors d'Égypte car il avait les yeux fixés sur la rémunération* (Héb.11:26). La vraie foi refuse les compromis de la chair et regarde à la gloire de Christ. L'apôtre dit ne pas vouloir atteindre la perfection par ses propres efforts. Il a été saisi par Christ et il est prêt à passer par le chemin qu'il lui a tracé. Tout ce qu'il considérait comme des gains, sa circoncision, de la race d'Israël né dans la tribu de Benjamin, sa naissance comme hébreu et son autorité de pharisien sont devenus des pertes, des immondices. C'est cette puissance de résurrection dont il a été revêtu lors de sa rencontre avec Christ sur le chemin de Damas. Toutefois il ne pense pas être parvenu à cette plénitude de l'Esprit. *C'est pourquoi il court, oubliant ce qui reste derrière lui, car Christ est sa vie et sa mort est un gain* (1:21; 3:14).

Il veut dire que la vie limitée au monde des plaisirs et de la matière n'a aucun sens. Ce qui a de la valeur est la mort avec Christ et la résurrection avec Christ, celle de l'homme nouveau que Paul veut saisir, si possible, en totalité. Il ne pense pas à être parvenu à cette plénitude mais il la poursuit de toutes ses forces, inlassablement. Ceci nous amène à considérer les textes suivants (Ap.2:7, 10, 17, 26-28; 3:5, 12). Les traductions de ce verset sont nombreuses. L'interlinéaire grec-français de M.Carrez traduit :

...Quelle que soit la manière d'y parvenir... Un petit mot de trois lettres « pos » est introduit dans le grec. Il signifie de quelque façon que ce soit. On retrouve la même construction grammaticale dans plusieurs textes dont l'Épître aux Romains (1:10).

...en demandant continuellement dans mes prières, si enfin, de quelque façon que ce soit, je puisse me rendre chez vous, selon la volonté de Dieu. Dans le livre des Actes au chapitre 27, verset 12 : *....on verrait bien si l'on pouvait gagner Phénix, un port de Crète.* La Bible du Semeur suggère : *Quel qu'en soit le chemin,* ce qui reflète parfaitement l'idée maîtresse du texte *de quelque manière que ce soit,* ou encore : *quel que soit le chemin que je doive emprunter, je le prendrai pour saisir la perfection de Christ.*

1ère ÉPITRE DE PAUL À TIMOTHÉE

S'occuper des siens (Ch.5:8)

Si quelqu'un ne s'occupe pas des siens il est pire qu'un infidèle.

Pour la traduction d'infidèle il faut noter le sens du grec: apistou (de apistos) traduit par incrédule chez Darby et incroyant par T.O.B et la Bible du Semeur.

Dans leurs détresses, les frères et sœurs en Christ doivent trouver des aides spirituelles, morales et matérielles, surtout dans des besoins pressants tels que chez certaines veuves ou ceux touchés par l'âge (Jac.2:14-17).

Le verset 8 de la présente épître décrit une situation extrême, comme un exemple pouvant se manifester et dont la possibilité n'est pas exclue. Dans le monde animal il n'en va pas autrement. Quels qu'ils soient, les couples prennent soins de leurs petits et parfois de ceux des voisins. Ils les protègent, les nourrissent, les abritent et les défendent. Si tel est le cas pour les animaux, à combien plus forte raison pour les enfants de Dieu, qui en plus de leur conscience, sont soumis à l'obéissance de l'Esprit de Christ ! Bien souvent, les païens sont un exemple d'altruisme et de don de soi qui disqualifie ceux qui se réclament de Jésus-Christ. Celui qui manque aux soins nécessaires qu'il doit à sa famille a renié la foi. La foi a été ainsi définie comme un abandon de soi sans réserve à la grâce de Dieu en Christ en même temps qu'un abandon de sa confiance en ses propres capacités. Elle se repose sur les promesses de Dieu accomplissant notre salut parfait en Christ qui accorde le Saint-Esprit à chacun de ses enfants. C'est une totale confiance en Dieu témoignée par le fruit de l'obéissance. Jacques parle d'une foi morte, qui ne produit rien. Il veut dire par là que ce qui est mort ne peut rien engendrer. Si quelqu'un n'abandonne pas sa confiance en sa propre personne et persiste à s'appuyer sur ce qu'il pense être sa sagesse, il rejette la conduite du Saint-Esprit, il marche selon le vieil homme (Jac.3:14-17; Eph.5:8-17; Col.1:9, 10).

2ème ÉPITRE DE PAUL A TIMOTHÉE

Nier et renier (Ch.2:12)

Le verbe grec arnéomai figure trente et une fois dans le Nouveau Testament. En français il est traduit par: nier, refuser (d'admettre), se défendre de, repousser, se priver, décliner (une obligation), dire non, se rétracter, contredire, renoncer, renier. Son sens profond est parfois mis en valeur par une phraséologie fidèle au texte.

En voici deux exemples:

Bible du Semeur: *...celui qui aura prétendu ne pas me connaître devant les hommes, je ne le reconnaîtrai pas non plus devant mon Père céleste...*

Louis Segond: *...quiconque me reniera devant les hommes, je le renierai aussi devant mon Père qui est dans les cieux* ...Le message du Saint-Esprit est conservé intact dans les deux traductions, ce qui n'est pas toujours le cas (Mat.10:33).

Les différentes traductions du verbe original donnent une pleine compréhension de chacune des situations enseignées par l'Écriture Sainte. Nous avons répertorié les différentes traductions, afin d'en tirer une conclusion que nous partageons avec vous.

- Quinze versets utilisent la traduction : renier.
- Dix versets désignent ceux qui contestent.
- Un verset parle de celui qui protège son intégrité.
- Un verset est attribué à celui qui refuse une situation.
- Un verset appelle au reniement du péché.
- Trois versets sont témoins de la fidélité.

Renier est le terme qui convient à ceux qui ont vu, entendu et refusé. Ils ont abandonné ce à quoi ils devaient être fidèles :

Renier par les hommes : Mat.10:33, 38; Lc.12:9, 10
Par les Juifs devant Pilate : Act.3:13, 14
Par les Juifs en général : Act.7:35
Par le Sanhédrin : Act.4:16
Par un mauvais témoignage éventuel : 1Tim.5:8
Par les incrédules : 2Tim.2:12, 13; Jud.4
Par les impies : 2Tim.3:5
Par les religieux juifs : Ti.1:16
Par les faux prophètes : 2Pi.2:1

Nier, concerne ceux qui ont opposé un refus, qui contestent. Pierre nie connaître Jésus : Mat.26:70, 72; Mc.14:68, 69; Lc.22:57; Jn.18:25, 27.
Jean Baptiste nie être le Christ: Jn.1:20.
Les menteurs, les antichrists nient Jésus : 1Jn.2:22, 23.

S'en défendre, Pierre répond que personne n'a touché Jésus : Lc.8:45.

Refuser, Moïse refuse d'être appelé fils de la fille de Pharaon : Héb.11:24.

Renoncer, ...renoncez au péché... : Tite.2:12.

Pas renié, ... les juifs ne renient pas le miracle fait par Jésus : Act.4:16.
L'église de Pergame n'a pas renié la foi en Christ : Ap.2:13.
L'église de Philadelphie de même : Apoc.3:8.

Une grande partie d'Israël a renié celui que l'Éternel lui avait donné comme chef et conducteur : Moïse.

De même les incrédules, les impies, et les faux prophètes ont renié celui que l'Éternel leur a donné comme Sauveur (Act.3:13, 14; 2Pi.2:1).

Il n'y a pas d'exemple qu'un enfant de Dieu ait renié la personne de Christ son Sauveur et le salut auquel il était prédestiné.

J'ai gardé la foi (Ch.4:7)

C'est probablement la dernière lettre de Paul. Il est en prison à Rome, détenu comme un malfaiteur.

Tous l'ont abandonné. Seul Luc est avec lui (2Tim.4:11).

Il sait sa fin prochaine et encourage son fils spirituel dans le combat qu'il mène contre un monde incrédule et apostat. Il l'exhorte à vivre dans la piété, l'avertissant que tous ceux qui vivront dans la soumission à Christ seront persécutés (3:12). Se tournant vers le passé, il lui rappelle comment il a été appelé au ministère par la seule volonté de Dieu qui l'a sauvé, non à cause de ses propres œuvres, mais selon le divin dessein de sa grâce (2Tim.1:9).

Humilité de Paul

Ce sont les derniers conseils connus donnés par Paul à Timothée concernant sa responsabilité dans l'église d'Éphèse et dans sa marche avec Christ. C'est Christ qui a détruit la mort et fait briller la vie et l'immortalité par l'Évangile pour lequel, lui Paul, a été établi héraut, apôtre et docteur. Voilà pourquoi il endure ces souffrances; Il n'en a pas honte. Il sait en qui il a mis sa confiance et celle-ci est totale. Il a la certitude que le Seigneur Dieu a le pouvoir de garder le dépôt qu'il lui a confié jusqu'au jour de son départ (1:12). Il ne se glorifie pas de ses capacités personnelles. Tout au contraire. Il sait qu'il doit son salut uniquement à l'œuvre de Christ, à sa mort expiatoire et sa résurrection qui est la sienne propre. Cette dépendance de son salut due à la grâce de Dieu apparaît dans tous ses écrits. Il dit ne rien avoir apporté lui-même en ce monde et ne rien pouvoir en emporter (1Tim.6:7). Seul Jésus lui a donné la force du Saint-Esprit en l'appelant à l'apostolat. Il fallait que, par lui, le message du salut fût pleinement proclamé et entendu par les païens (2Tim.4:17ss). S'il y a quelque sujet de se glorifier, c'est uniquement dans le Seigneur et non par rapport à sa propre personne (1Cor.1:31; 2Cor.12:5). Dieu seul a la capacité de garder son salut éclatant sur le chemin de Damas et d'achever l'œuvre qu'il a commencée en lui jusqu'au jour de Christ (Phil.1:6).

Garder le Dépôt

Le salut est l'œuvre du Seigneur, Paul n'en est que le dépositaire. Dieu garde son dépôt, écrit-il. Le verbe garder, du grec Phulasso, qui signifie: veiller à, surveiller, observer, a également une connotation appliquée à la force publique comme l'armée ou la police, dans le sens de monter la garde, être de faction, surveiller, garder à vue.
Il apparaît une trentaine de fois dans le Nouveau Testament; Paul est gardé par un soldat (Act.28:16). Par exemple, dans la deuxième épître aux Thessaloniciens chapitre 3, verset 3, il encourage ses lecteurs, les assurant de la présence du Seigneur qui les garde du malin comme il garde le dépôt qu'il a placé en lui.

Garder la foi

Un second verbe traduit par garder, du grec, Téreo, est utilisé 75 fois dans le Nouveau Testament.

Sa signification, bien que proche, est différente: avoir la garde, veiller sur quelqu'un, observer, épier, s'assurer, conserver, prendre garde, garder... la paix ou un secret. Jésus intercède pour les siens, ceux que le Père lui a donnés:

Garde les en ton nom que tu m'as donné, afin qu'ils soient un comme nous sommes un. Lorsque j'étais avec eux, je les gardais en ton nom que tu m'as donné... Je ne te demande pas de les ôter du monde mais les garder du mauvais. Il est clair que le Père garde les disciples du Fils après que Jésus les ait gardés lors de son ministère terrestre (Jn.17:11-15 TOB). Le même verbe téreo est utilisé dans la traduction de garde-les et je les gardais.

Évaluation

Il est impossible que Paul se contredise en affirmant d'une part que Dieu a la puissance de garder son dépôt, et d'autre part qu'il ait gardé la foi de sa propre initiative. Le dépôt remis à Paul est l'objet de sa foi et de son contenu.

William Mac Donald dit que cela ne signifie pas que Paul ait persévéré dans la foi et l'obéissance à la doctrine de Christ par ses propres forces, mais comme un serviteur fidèle, Paul a gardé la doctrine du salut en Christ, afin de la transmettre aux païens comme à l'Église de Christ dans toute sa pureté. Dans ce texte, garder ne signifie pas conserver, mais veiller sur. Paul dit simplement : *j'ai été le gardien de la foi.* Le gardien du phare n'emporte pas le phare lors de sa retraite. Il n'en est pas le propriétaire et ne considère pas qu'il lui appartienne. Il en a la garde, sans plus. L'essentiel de son travail est de veiller sur le bien qui lui est confié: maintenir la lampe puissante du projecteur en état de fonctionnement, de telle façon que sa lumière permette aux navires croisant dans les eaux proches de faire le point sur leur position géographique, et d'assurer ainsi leur sécurité. Le gardien du phare, c'est le gardien de la foi qui ne montre pas une route maritime mais une voie spirituelle. C'est la confiance, la fidélité, la révélation des choses cachées. Ici, c'est également l'allusion aux doctrines chrétiennes qu'enseigne l'Écriture, la certitude des vérités enseignées par le Saint-Esprit (2Cor.11:6). Le gardien de la foi est le gardien de l'ensemble de la doctrine du Christ-Jésus, comme de l'état de l'Église. Paul en portait la responsabilité dans le temps qui était le sien comme il en porte la responsabilité dans notre monde d'aujourd'hui. Ses écrits inspirés par le Saint-Esprit enseignent les chrétiens de tous les siècles ; il a combattu le bon combat et est resté fidèle à Christ. Il a gardé toutes les doctrines auxquelles il s'est soumis par la foi et les a transmises à l'Église sans en enlever un iota, dans toute sa pureté. Voici l'excellent gardien de la foi, celui qui a écrit, sous l'impulsion du Saint-Esprit, le plus grand nombre des épîtres du Nouveau Testament, en parfait théologien à la didactique consommée : *Ce n'est pas vous qui m'avez choisi, mais moi je vous ai choisis... afin que vous portiez du fruit et que votre fruit demeure...* (Jn.15:16). Cet homme n'a pu dire qu'il avait gardé la foi par ses propres capacités. C'est l'Éternel Dieu qui a donné et conservé le dépôt. Dans la Parole de Dieu il n'entre rien de ce qui est humain ou artificiel. *Cet homme est un instrument que j'ai choisi pour porter mon nom devant les nations, devant les rois, et devant les fils d'Israël* (Cf. Act 9:15, 16). Skeûos, traduit ici par instrument, peut désigner toute espèce d'objet inerte, comme un outil, dépendant de la main de son utilisateur. Ce verset nous conduit à méditer sur la relation unissant Paul à son Seigneur : un outil soumis à la volonté de son maître.

Conclusion :

En formant ce projet, ai-je donc fait preuve de légèreté ? Les plans que j'établis sont-ils inspirés par des motifs purement humains, en sorte qu'il y ait en moi à la fois le oui et le non ? ... Dieu m'en est témoin, ce que je vous ai dit n'était pas à la fois oui et non car Jésus-Christ, le Fils de Dieu, que nous avons annoncé chez vous, Silas, Timothée et moi-même, n'est pas venu pour dire oui et non. Au contraire, en lui il n'y a jamais eu que : oui. En effet, il est le oui qui confirme toutes les promesses de Dieu. C'est donc par Jésus-Christ que nous disons notre Amen pour rendre gloire à Dieu. Et c'est Dieu lui-même qui nous affermit avec vous dans la vie avec Christ; Dieu lui-même nous a choisis, il nous a marqués de son nom et il a répandu dans nos cœurs le Saint-Esprit comme garantie des biens qu'il nous réserve (2Cor.1:17-22) version TOB.

EPÎTRE AUX HÉBREUX

L'épître aux Hébreux s'adresse à des judéo-chrétiens vivant en Palestine. Ils sont arrêtés dans leur croissance spirituelle par la crainte des persécutions dont l'Église faisait l'objet et par les souffrances que leur infligeaient leurs compatriotes qui leur reprochaient leur infidélité au judaïsme, et à leurs frères de sang. Ils étaient néanmoins chrétiens, nés de nouveau : *C'est pourquoi frères saints* (Héb.3:1), *prenez garde, frères...* (Héb.3:12), *L'amour que vous avez montré pour Dieu...* (Héb.6:10), *Nous possédons l'espérance* (Héb.6:19). Il leur est reproché leur immaturité, être des enfants alors qu'ils devraient être des adultes. Depuis leur conversion ils avaient peu progressé dans la connaissance de la grâce qui leur était acquise en Christ (Héb.5:12-14). Leur incrédulité relative les empêchait de jouir du repos. Ils avaient besoin d'être rassurés par un enseignement sur la Nouvelle Alliance, meilleure que l'Ancienne. Cela explique les quelques 38 références et allusions faites à l'Ancienne Alliance dans cette épître, et l'accent mis sur le sacerdoce de Christ meilleur que celui d'Aaron. Dans cette épître, deux sur les cinq rappels de l'histoire d'Israël servent de prétexte à certains pour admettre la perte possible du salut. L'analogie existante dans la reconstitution historique de l'ensemble des cinq rappels, nous permet d'affirmer qu'il ne peut y avoir aucune interprétation permettant une telle conclusion, c'est la raison pour laquelle nous vous soumettons notre réflexion sur les cinq textes

La maturité

Pour être simple, nous dirons qu'il existe dans le Nouveau Testament une famille de mots issue du verbe grec «Téleioo» dont le sens est celui d'achèvement. Sous ses différentes formes grammaticales, elle apparaît une cinquantaine de fois dans le texte grec, partageant cette même signification d'achèvement teintée de légères nuances comme : réaliser, accomplir, rendre parfait, rendre mature, et encore: terminer, finir, arriver au but ou au dénouement, à l'extrémité. « Télos » signifie : fin, achèvement, accomplissement, but. Dans le sens spirituel, il indique l'accès à un plein développement d'une action comme celle de la soumission à la parole de Dieu et à sa volonté. Dans tous les cas, il signifie l'achèvement d'une situation, d'une action, d'un état. Quatorze fois « Téleioo » apparaît dans notre épître. Un enfant de Dieu peut montrer un certain retard de croissance. Les causes sont multiples : abandon de la lecture des Écritures, éloignement de la communauté, résistance au Saint-Esprit.

Mais nos judéo-chrétiens de l'épître souffrent avant tout d'un manque de foi semblable à celui de leurs pères. L'Épître aux Éphésiens chapitre 4, verset 13 nous dit que les dons de l'Esprit accordés à l'Église concourent à l'unité de la foi et à la connaissance du Fils de Dieu pour conduire ses enfants à l'état d'adultes, du Grec Téleion. Ce texte ne dit rien de la sanctification mais nous enseigne sur le besoin de chacun d'avoir une pleine connaissance de l'œuvre parfaite accomplie par le Sauveur à la croix du Calvaire. *Tout est accompli* est-il écrit (Jn.19:30).

Le crucifié met un terme à son œuvre salvatrice. Ici, « *accompli* » est traduit de l'indicatif passé de Téleo (soit Tételestai), son œuvre est amenée à la pleine maturité, à la perfection. Après la longue liste des témoins vainqueurs de leurs épreuves par la foi, les lecteurs eux aussi sont appelés à courir avec endurance dans la course qui leur est proposée, en rejetant tout fardeau, dont celui de la Loi de Moïse, les yeux fixés sur Jésus l'initiateur de leur foi qu'Il mènera jusqu'à la perfection (Héb.12:1-2).

C'est ce Jésus qu'annonçait Paul, afin de présenter tout homme devenu parfait en Christ, du Grec Téleion (Col.1:28). Cette perfection se situe au bout d'une foi totale qui manquait aux lecteurs, une foi tranquille, reposée, parfaite, réalisée et pleinement achevée comme celle des témoins du chapitre 11 qui ne se trouve pas là par hasard (Cf. Jac.1:2-4 et 1Cor.14:20).

Ceux qui ont manqué le but

Le passé d'Israël, bien connu de ses lecteurs, donne à l'écrivain la matière suffisante pour étayer les arguments qu'il utilise dans ses cinq exhortations - avertissements à partir des cinq situations vécues par Israël dans son exode entre le pays d'Égypte et Canaan. C'est ce que nous allons partager.

I : Le Sinaï (Ch.2:14)

L'histoire :

Trois mois après la sortie d'Égypte, Dieu appela Moïse au sommet du mont Sinaï. *C'est ici que Dieu prononça toutes ces paroles...* (Ex.20:1). Dieu est la source de la Loi, elle trouve en Lui son origine. Il choisit Moïse et les anges pour transmettre cette Loi à Israël. Toute la législation écrite, entre le Livre de l'Exode au chapitre 20 verset 1 et celui des Nombres au chapitre 10, a été décrétée sur la montagne ou dans la plaine voisine. C'est là également que fût scellée l'alliance faisant d'Israël une nation dont l'Éternel devait être Roi en vertu de quoi ses sujets lui devaient obéissance.

La réponse :

C'est aux ordres du Roi que certains incrédules désobéirent. Ils transgressèrent la Loi du Roi.

Le jugement :

Une juste rétribution, le salaire du péché (Héb.3:18; 4:6).

L'avertissement :

S'attacher à la Parole de Dieu et prendre au sérieux les choses entendues. Aujourd'hui Christ est le Roi.

II : Le repos (Ch.3:17 – 4:13.)

Nous trouvons le mot « repos » douze fois dans ce texte ; à deux reprises, il est lié à des situations particulières (3:11,18; 4:1, 3, 4, 5, 8, 9, 10, 11). Il a deux valeurs : l'une active, comme indiquant la cessation d'un travail, d'une œuvre, d'un pouvoir, d'une autorité ; et par la suite, s'arrêter, contenir, tenir en échec. L'autre est passive indiquant le simple fait de se reposer, ce qui est l'état de celui que rien ne vient troubler et qui jouit d'une parfaite tranquillité d'esprit. Dans un sens spirituel, c'est la paix avec Dieu. Comme dit le prophète Jérémie à Israël *demandez quels sont les anciens sentiers, quelle est la bonne voie, marchez-y et vous trouverez du repos pour vos âmes (Jér.6:16). Venez à moi, vous tous qui êtes fatigués et chargés, et je vous donnerai du repos. Prenez mon joug sur vous et recevez mes instructions, car je suis doux et humble de cœur et vous trouverez du repos pour vos âmes* (Mat.11:28, 29; cf. Ps.71:23). Le repos c'est l'antithèse de l'action. Le professeur FC Thompson, traducteur de la Bible, dit que l'incrédulité empêche de rentrer dans une vie abondante et cite l'épître aux Hébreux chapitre 3, versets 7 à 19.

L'histoire :

Ce texte fait référence à la révolte du peuple contre l'Éternel, alors qu'Il mettait devant lui un beau pays où coulaient le lait et le miel, lieu où ce peuple trouverait le repos. Un pays au sol fertile, couvert de riches pâturages parsemés de fleurs butinées par des milliers d'abeilles participant à la fructification des arbres du jardin. Une terre bénie arrosée par le ciel et le repos entre les mains du Seigneur. Seuls ceux qui obéirent en prirent possession, dont Caleb et Josué… avec la nouvelle génération (Ex.3:8, 17; 13:5; 33:3; Lév.20:24; Nbr.13:27; 14:8; 16:13, 14). Ceci se passait à Kadès d'où Moïse, sur l'ordre de l'Éternel, avait envoyé douze espions afin d'explorer le pays de Canaan avant la conquête le mettant entre les mains d'Israël (cf. Nombres 13 et 14). Canaan est l'image du repos dans lequel tout croyant peut entrer, cet Israël n'y entrera pas en raison de son incrédulité et de sa désobéissance. Cette attitude eut de graves conséquences pour la suite (Ex.12:21-23; Nbr.14:20-38). Israël avait reçu la bonne nouvelle comme nous la recevons aujourd'hui. En effet, dans l'Épître aux Hébreux chapitre 4, verset 2 nous lisons : *...Car nous avons reçu la bonne nouvelle tout comme ces gens-là, mais la parole que vous avez entendue ne leur fût d'aucun profit car ils ne la reçurent pas par la foi.* Il faut noter que «bonne nouvelle» dans le texte original est « eueggelismenoi », en d'autres termes l'évangile de la paix avec Dieu dans l'Ancienne Alliance. Cette paix est conditionnée par la foi en toutes les paroles de l'Éternel, dont le salut offert gratuitement, le sang des victimes offert sur l'autel faisant expiation.

La réponse :
Ce pays n'est pas bon, il est occupé par des géants qui nous tueront. L'Éternel nous mène dans ce pays ! Pourquoi ? Nous allons mourir ! Nous retournerons en Égypte après avoir lapidé Caleb et Josué. Ils étaient endurcis, incrédules, désobéissants, méprisant l'Éternel (Nbr.14:11).

Le jugement :
Israël marchera dans le désert pendant 40 ans au lieu de 40 jours. Aucun incrédule n'entrera dans le repos mais il tombera dans le désert (Nbr.14:24–38).

L'avertissement :
Frères, ne faites pas comme vos pères. N'endurcissez pas vos cœurs. Considérez les voies de l'Éternel. Prenez garde à l'incrédulité qui éloigne du Dieu vivant. Gardez la confiance que vous aviez au commencement et empressez-vous d'entrer dans le repos que vous donnera le Seigneur. Les premiers à avoir reçu « la bonne nouvelle » n'y entrèrent pas à cause de leur incrédulité. *Il fixe un nouveau jour, aujourd'hui* (4:6, 7).

III : Tendre à ce qui est parfait (Ch.6:1-8)

Le chapitre 6 présente certaines difficultés qu'il est possible d'affronter sans s'attarder sur les débats entre Arminiens et Calvinistes concernant la pérennité du salut. Notons l'évaluation du rédacteur sur le niveau de connaissance de ses lecteurs à propos de Jésus-Christ. *Nous avons beaucoup de choses à dire là-dessus et des choses difficiles à expliquer parce que vous êtes devenus lents à comprendre. Vous, en effet, qui depuis longtemps devriez être des maîtres, vous avez encore besoin qu'on vous enseigne les principes élémentaires des oracles de Dieu, vous en êtes venus à avoir besoin de lait et non d'une nourriture solide. Or quiconque en est au lait n'a pas l'expérience de la parole de justice car il est un enfant. Mais la nourriture solide est pour les hommes faits, pour ceux dont le jugement est exercé par l'usage à discerner ce qui est bien et ce qui est mal* (Héb.5:11-14)....

C'est pourquoi ... il veut leur apporter un enseignement les conduisant à la stature d'adulte. Nos judéo-chrétiens avaient besoin d'entrer dans une communion intime avec leur Sauveur, en conséquence de quoi *portons nous ensemble vers cet enseignement d'adulte* sans être contraint de revenir sur les sujets primitifs que vous connaissez :

- Le fondement du renoncement aux œuvres mortes, ou cette recherche de l'autojustification excluant la grâce.
- La foi en Dieu, une confiance totale en sa Personne et sa Parole.
- La doctrine des baptêmes, plutôt qu'ablutions, terme commun au Judaïsme et au Christianisme, évoque le bain de la régénération dans un sens spirituel (Tite.3:5).
- L'imposition des mains pratiquée lors de la communication du Saint-Esprit, d'une charge au service du peuple de Dieu ou d'une guérison (Act.6:6 ; 8:17ss; 9:17; 1Tim.4:14).

- La résurrection des morts, largement acceptée dans le Judaïsme à l'exception des Sadducéens (Job19:25-27; Héb.11:35) et le jugement à venir (Apoc.20:11ss.).

Versets : 4-6

Le verset 4 nous fait part de l'impossibilité, pour ceux qui sont tombés, d'être renouvelés et amenés à la repentance. Ce texte a donné lieu à plusieurs interprétations. De façon générale, il renvoie à ceux qui ont entendu la bonne nouvelle de l'Évangile. Ils ont été touchés par le message sans pour autant trouver le salut dans une foi qui sauve : ... *pas de racines en eux-mêmes...* (Mat.13:21). Ils seraient, dit-on, des croyants fréquentant l'Église, abandonnant ensuite leur croyance, ignorant tout du salut en Christ.

Comment ces incrédules pourraient-ils tomber dans l'incrédulité dans laquelle ils vivent déjà? C'est une antinomie. Ceux qui sont déjà en bas n'ont pas besoin de tomber.

- Pour les uns, cette situation s'appliquerait à des Juifs proches de la conversion n'ayant pas fait le pas de la foi en Christ.
- Pour d'autres, si l'on tombe après avoir goûté le don céleste Christ, et participé au Saint-Esprit, il est impossible de trouver à nouveau le chemin de la repentance, parce qu'on a crucifié le Fils de Dieu, le livrant à l'ignominie.
- On peut perdre son salut en s'enfonçant dans les profondeurs insondables du péché !
- Un chrétien perdra son salut s'il retourne dans le monde incrédule et y demeure !

Nous ne pouvons souscrire à aucune de ces interprétations qui annulent les promesses du Seigneur sur le don gratuit du salut (Rom.11:29).

L'histoire :
« Ils ont reçu la lumière. »
« Au commencement, Dieu sépara la lumière d'avec les ténèbres parce que la lumière était bonne » (Gen.1:4).

« Lumière » dans les premiers jours, était synonyme de la présence de l'Éternel et de sa faveur (Ps.27:1; 2Sam.22:29). Paul compare la Sainteté de l'Éternel à la lumière (1Tim.6:16). Au contraire: *« Le chemin des méchants est comme les ténèbres »* (Prov.4:19).

La lumière parle de connaissance, de science : *Dieu est lumière et il révèle les choses profondes et cachées qui lui appartiennent, La révélation de ses paroles éclaire, alors que, sans révélation, le peuple est sans frein, mais s'il observe la Loi de l'Éternel il est heureux* (Es.42:16; Dt.29:29; Dan.2:22; Am.3:7; Ps.119:130; Prov.29:18).

En son temps, Dieu apparut à Abram et conclut une alliance avec lui, quelques années après son départ d'Ur, parce qu'il avait reçu sa parole comme étant la vérité. La lumière divine lui apporta la bénédiction et il fut justifié par sa foi (Gen.15:3-8).

Moïse rencontra l'Éternel qui se manifesta du buisson ardent depuis lequel il lui fit part de sa volonté de libérer son peuple du joug Égyptien. Moïse, revêtu de l'autorité divine, affronta la puissance de Pharaon. Dieu envoya comme plaie des ténèbres si épaisses qu'on pouvait les toucher pendant 3 jours (Ex.3:2ss; 10:21-23). Mais il y avait de la lumière dans les lieux habités par les enfants d'Israël (Héb.6: 23).

Jusqu'à Malachie, le prophète, la volonté de l'Éternel se révélera par le canal de ses serviteurs, les voyants (1 Sam.9:9); leur ministère était de voir ou d'entendre le message divin ou le saisir dans l'intimité de leur être. C'était la révélation comme le fût la Loi parmi les nombreuses autres révélations accordées à Israël : *Il a fait connaître sa parole à Jacob, ses statuts et ses jugements à Israël. Il n'a pas agi de même pour toutes les nations* (Ps.147:19.20). Par ces moyens, Dieu dirigeait son peuple et lui ouvrait les yeux.

Le psalmiste exulte de joie : *L'Éternel est ma lumière et mon salut...par ta lumière nous voyons la lumière. Ta parole est une lumière sur mon sentier* (Ps.27:1; 36:10; 119:105). La parole de l'Éternel révélée à ses serviteurs et prophètes est la source de la plénitude de connaissance que recevait Israël, le chandelier à sept branches, situé dans le tabernacle, en était le symbole. Il en fût ainsi jusqu'à la venue du Fils, Jésus-Christ, la lumière du monde inaugurant la Nouvelle Alliance (Jn.8:12 et 9:5).

Israël reçut la lumière longtemps avant l'ère chrétienne. Des milliers d'années se sont écoulées entre Abraham et Malachie. Abraham serait né en l'an 2165 Av J. C. Alors que notre calendrier Grégorien affichait 2000 ans, nous étions en l'an 5760 du calendrier Juif.

Païen ne te glorifie pas aux dépens des branches retranchées à cause de leur incrédulité, ne te glorifie pas car tu étais un olivier sauvage greffé à leur place sur la racine sainte, la racine qui te porte… (Cf. Rom 11).

« Ils ont gouté au don céleste »
Un jour, un homme demanda à Jésus de faire un miracle afin qu'il puisse croire en lui, *Nos pères ont mangé la*

manne dans le désert selon qu'il est écrit. Il leur donna le pain du ciel à manger. Jésus lui répondit que le vrai pain du ciel c'est celui qui donne la vie au monde : *Je suis le vrai pain de vie* (Jn.6:31). La manne fût l'aliment principal du peuple durant les quarante ans de pérégrination dans le désert. C'était le pain qui descendait du ciel, don de l'Éternel (Ex.16:31, 32). Elle cessa de tomber le lendemain de la Pâque, jour de délivrance, après la traversée du Jourdain. Ce jour-là, le peuple mangea son propre pain fait avec la farine du blé de la terre de Canaan, le lieu de repos promis (Ex.16:35; Jos.5:12).

Moïse demanda à Israël de faire appel à sa mémoire : *Souviens-toi... Il t'a nourri de la manne que tu ne connaissais pas et que n'avaient pas connue tes pères, afin d'apprendre que l'homme ne vit pas de pain seulement, mais de tout ce qui sort de la bouche de l'Éternel* (Dt.8:3; Mat.4:4; Lc.4:4).

La manne, nourriture céleste, était un type de Christ comme l'était le chandelier à 7 branches. Celui qui en mangeait conservait la vie : *Je suis le pain de vie... Le pain vivant qui est descendu du ciel. Si quelqu'un mange de ce pain il vivra éternellement et le pain que je lui donnerai c'est ma chair que je donnerai pour la vie du monde* (Jn.6:34, 51). La manne était le don céleste, comme l'est Christ.

Dans le lieu Très Saint reposait l'arche de l'alliance, type de Christ, objet principal du tabernacle. Elle contenait les deux tables de la Loi, la verge d'Aaron qui avait fleuri et un omer de manne dans un vase d'or et plus tardivement le Livre de la Loi. Le propitiatoire, ou couvercle de l'arche, était en or pur. Une fois par an le souverain sacrificateur y déposait le sang de la victime expiatoire (Lev.16:14-16;

Ex.25:17-22) : *Là, je me rencontrerai avec toi, du haut du propitiatoire entre les deux chérubins, je te donnerai mes ordres.* C'est le seul lieu de rencontre possible entre l'Éternel et le pécheur dont le péché est couvert dans l'attente du sang de Christ.

Le rappel des expériences des pères, qu'elles soient bonnes ou mauvaises, est souvent une réelle prise de conscience pour les enfants, et une bénédiction. L'histoire du peuple élu est riche d'enseignements pour le Juif comme pour le disciple de Christ. La Bible, Ancien et Nouveau Testament réunis, est indivisible. La révélation du salut a été progressive tout au long de l'histoire. Israël a reçu en son temps le don céleste. Il symbolisait la personne de Christ annoncée par les sacrifices lévitiques comme par la manne.

Note : Vous trouverez en librairie d'excellents ouvrages sur le temple et le tabernacle. Lire Ex.25:26:27.

« Ils ont eu part au Saint-Esprit : »

Le texte original utilise le mot « partage », du Grec « metokous » qui signifie: partager avec ses compagnons la présence de l'Esprit de l'Éternel répandu sur la communauté : *Tu nous a aussi donné ton Esprit Saint pour nous conduire, l'Éternel est celui qui mettait au milieu d'eux son Esprit Saint* (Neh.9:20; Ex.15:13; Dt.29:5). Le Saint-Esprit venait sur certains pour une œuvre particulière. Moïse avait la responsabilité de conduire le peuple sous les ordres de l'Éternel (Ps.77:21) puis se fut Josué mais aussi Gédéon, Jephté, et bien d'autres encore (Ex.3:12; Nbr.11:17; Jos.1:5, 6).

Avant eux, l'Éternel demanda à Abram de quitter son pays, sa patrie, la maison de son père pour un pays inconnu qu'il lui désignerait (Gen.12:1-9). Tous ceux-là sont devenus les serviteurs de l'Éternel auxquels il se révélait comme il se révèle aujourd'hui dans l'Église. Le peuple Hébreu était l'élève et l'Éternel le Maître (Ps.123:2; 1Cor.2:10; Héb.2:4).

« Ils ont goûté la bonne parole de Dieu : »

Ce n'est pas la parole de Dieu telle qu'elle apparaît dans l'Évangile selon Jean au chapitre 1, verset 11, la raison divine, sagesse et vérité incarnées en Jésus-Christ, le *Logos*. Mais c'est tout ce qui constitue le langage de Dieu, son contenu, ce qui est dit, *Rhema* dans le texte grec. C'était bon, comme tout ce qui vient de sa Personne. Des paroles droites, vraies, approuvées, lumineuses, plus douces que le miel même lorsqu'elles corrigent afin de remettre dans le droit chemin (Jos.21:45; 23:15). Certains traducteurs ont préféré « *excellente* » plutôt que « *bonne* ». C'est l'équivalent de la beauté dans un sens physique ou moral; il exprime le bien, la grâce consentie, ce qui est favorable, voire glorieux. Dans l'Ancienne Alliance, la parole de Dieu a abondé. Ainsi commence l'Épître aux Hébreux : *Après avoir, à bien des reprises et de bien des manières parlé à nos pères par les prophètes, Dieu dans ces derniers temps, nous a parlé par le Fils*. La Bible est appelée « Parole de Dieu ». C'est-à-dire qu'elle trouve en Dieu son origine. Dieu a parlé de nombreuses fois et de bien des manières. Elle est l'expression de sa personne et de son autorité. Qu'elle soit annoncée ou écrite, cette parole trouve sa même source en Dieu. L'Éternel, dit ou parle par sa bouche et par le moyen de similitudes, songes, visions à une ou plusieurs personnes (Es.1:20). Il dirige, conseille, avertit, ordonne. L'Ancien Testament contient 39 livres dans lesquels le mot parole est utilisé plus de

390 fois, indiquant une communication faite aux hommes sous différentes formes, prophéties, commandements ou encouragements. 17 livres de l'Ancien Testament sont prophétiques. Le prophète est celui que Dieu revêt de son autorité pour parler à sa place.

Selon J.C Whitcomb, professeur d'Ancien Testament au Grace Theological Seminary, Abram, né en 2165 Av J.C entra en Canaan à 75 ans, soit en 2090 Av J.C. Si l'on retranche les 400 ans de silence observé par l'Éternel avant la venue de Christ, nous constatons que l'Éternel a parlé à son peuple pendant 1640 ans, soit plus de 16 siècles. Et sa parole était bonne pour ses enfants Hébreux.

« Et les puissances du siècle à venir »

En leur temps, ils ont goûté aux puissances du siècle, ou de l'âge à venir. Ils ont connu et apprécié les bonnes paroles de l'Éternel. Dans lesquelles ils ont trouvé des encouragements à marcher dans l'obéissance de la foi. Ils ont vu les signes et les miracles accomplis par la puissance de la main de l'Éternel et ont reconnu que le monde physique lui était soumis. Le Créateur, qui habitait au milieu de son peuple, le conduisait et pourvoyait à ses besoins (Ex.7:3; 29:45; Nbr.35:34; De.29:5ss). Le monde à venir est le Millénium au cours duquel Jésus le Roi gouvernera le monde avec son peuple Israël, depuis Jérusalem, où siégera son trône. Les Hébreux ont connu les ombres de ces événements futurs. Dieu se révéla à Abram et il scella avec lui une alliance sans condition qui traverse les âges jusque dans l'éternité (Gen.12:1-4; 13:14-17; 15:1-7; 17:1-8).

Moïse fut appelé par l'Éternel à délivrer son peuple de l'esclavage de l'Égypte. Le sang de l'agneau immolé était une ombre de la réalité du Golgotha. Le peuple connut la puissance de Dieu comme l'est la bonne nouvelle du salut et la délivrance du péché. Il y a là un appel à sortir de l'esclavage du monde (Rom.1:16; Ex.32:11). David fût le bénéficiaire d'une alliance inconditionnelle scellée par la promesse de l'Éternel. Elle lui garantissait un royaume et un roi éternel (2Sam.7:16; Jér.33:20-21; Dan.7:14).

En vertu de cette alliance, la postérité de David occupera le trône d'Israël jusqu'à la venue du fils de l'homme. C'est Jésus, issu de la postérité de David, qui régnera éternellement sur ses rachetés (Mc.13:26; Apoc.21:1-4). *La prédication de la croix est la puissance de Dieu pour quiconque croit* (1Cor.1:18). Le sujet principal des prophètes est la personne du Christ et du Christ crucifié (1Pi.1:10-12; 2Pi.1:16, 19-21; Apoc.5:13).

La réponse :

« Ceux qui sont tombés »

Le Judaïsme fondé sur l'Alliance Lévitique n'a jamais reconnu Jésus de Nazareth comme étant le Messie annoncé par les prophètes (Es.53:1; Jn.5:16; 7:27; Lc.7:39). Héritiers des bénédictions accordées à leur peuple, la majorité des Hébreux restait attachée à ses traditions (Mc.7:3; Mat.15:1-9). Le verbe « Tomber » est la traduction de « parapesontas » en Grec : « tombés à côté » (para : à coté et pesontas : tomber). Ceux qui ont refusé la Nouvelle Alliance en Christ et sont tombés à côté de l'Évangile de la grâce. Par incrédulité, ils ont refusé le salut en Yeshoua qu'ils ont méprisé. Jésus restait pour eux celui qui voulait détruire le temple et usurper le titre de Roi d'Israël : un imposteur (Mat.26:61; 27:63; Lc.23:37; Jn.2:19; 19:7).

La pluie est une bénédiction divine mais si la terre ne produit alors que ronces et épines, la sécheresse peut être un véritable châtiment. L'auteur utilise cette analogie agreste afin d'éveiller la mémoire de ses lecteurs sur toutes les bénédictions reçues par la postérité d'Abraham (Ps.65:14; Es.5:6; Es.41:8).

Voici ce qui est écrit au sujet du pardon dans l'Ancienne alliance :

Aaron... prendra du sang du taureau et il fera l'aspersion avec son doigt sur le devant du propitiatoire vers l'orient, il fera avec son doigt sept fois l'aspersion du sang devant le propitiatoire. Il égorgera le bouc expiatoire pour le peuple, et il emportera le sang au-delà du voile. Il fera avec ce sang comme il a fait avec le sang du taureau, il en fera l'aspersion sur le propitiatoire et devant le propitiatoire. C'est ainsi qu'il fera l'expiation pour le sanctuaire à cause des impuretés des enfants d'Israël et de toutes les transgressions par lesquelles ils ont péché. Il fera de même pour la tente d'assignation, qui est avec eux au milieu des impuretés (Lev.16:14-16).

Voici ce qui est écrit au sujet du pardon dans la Nouvelle Alliance :

En parlant d'une Alliance Nouvelle il a déclaré ancienne la première, or ce qui est ancien et qui a vieilli est près de disparaître (Heb.8:13*), ...car il est impossible que le sang des taureaux et des boucs ôte les péchés. C'est pourquoi Christ, entrant dans le monde dit : tu n'as voulu ni sacrifice ni offrande, mais tu m'as formé un corps ; tu n'as agréé ni holocauste, ni sacrifice pour le péché. Alors j'ai dit: voici, je viens (dans le rouleau du livre il est question de moi) Pour faire, ô Dieu, ta volonté. Après* *avoir dit d'abord, tu n'as voulu et tu n'as agréé ni sacrifice, ni offrande, ni holocaustes, ni sacrifices pour le péché (ce qu'on offre selon la Loi), Il dit ensuite : voici, je viens pour faire ta volonté. Il supprime ainsi la première chose pour établir la seconde. C'est en vertu de cette volonté que nous sommes sanctifiés par l'offrande du corps de Jésus-Christ une fois pour toutes* (Heb.10:4-10).

Voici le fondement sur lequel l'Éternel construit sa justice :

Car la vie de la chair est dans le sang. Je vous l'ai donné sur l'autel afin qu'il serve d'expiation pour vos âmes, car c'est par la vie que le sang fait expiation (Lev.17:11ss). Dieu était satisfait. L'animal donnait sa vie, son sang, à la place du pécheur dans l'attente de celui de Christ. Aujourd'hui Jésus-Christ donne sa vie, son sang, à la place du pécheur. Dieu est satisfait, Christ prend la place du coupable : *Nous sommes sanctifiés une fois pour toutes par l'offrande du corps de Jésus-Christ.* Pour un juif cela veut dire qu'il n'est pas nécessaire d'offrir un nouveau sacrifice l'an prochain, ce qui est contraire à la Loi de Moïse.

Il est facile de conclure. Ceux qui sont tombés sont des Hébreux rejetant Jésus-Christ comme victime expiatoire (Héb.10:10, 14).

Le jugement (v.8)

Ce ne sont plus les ondées fertilisantes arrosant le sol, ou les bénédictions de l'Éternel sur son peuple obéissant. Il ne s'agit pas d'une végétation abondante donnant une nourriture utile à ceux qui le travaillent, ou la Parole vivante de l'Éternel nourrissant son enfant. C'est une terre où poussent les épines et les chardons, les produits du péché. C'est la malédiction s'abattant sur ceux qui méprisent Dieu et sa parole, c'est bientôt la destruction par le feu, le jugement de l'Éternel (Héb.10:27-29). Ces Hébreux ne sont pas des chrétiens retournant dans le monde et perdant leur salut. Ce sont ceux qui pendant des siècles, ont été éclairés par la présence de l'Éternel, ont goûté le don céleste, ont eu part au Saint- Esprit, ont goûté la bonne parole de Dieu et les puissances du siècle à venir, et ont refusé le salut en Jésus-Christ. « Mais vous », contrairement à ceux qui sont « tombés », vous avez choisi le meilleur, le salut (Héb.10:38).

Avertissement

 • *Les voies de l'Éternel sont justes et ses jugements sont équitables*. Il aime ses enfants et les bénit (Dt.32:4; Ps.115:12).

 • Le « zèle » : c'est l'ardeur mise au service d'une cause, au service de la « maturité » de l'espérance de la bonne nouvelle en Jésus-Christ vécue par la foi.

 • « Imitez » : avec une répétition: imitez la foi de ceux qui vous ont apporté la bonne nouvelle et considérez la fin de leur vie. Imitez ces serviteurs du Seigneur et renoncez à la paresse.

 • « Persévérez » : c'est ce dont ils ont le plus besoin pour attendre l'héritage promis. Il est garanti par le serment irrévocable de Dieu (Héb.6:11; 6:12ss ; 13:7).

IV : Jésus seul sacrifice pour les péchés

(Ch.10:19-39)

L'histoire :

Les sacrifices de l'Ancienne Alliance n'ôtaient pas les péchés. Ils étaient couverts par le sang des victimes expiatoires et pardonnés dans l'attente du sacrifice de Jésus-Christ. Ils seraient alors effacés avec les péchés commis par les chrétiens sous la Nouvelle Alliance (Ps.85:3; Heb.11:39-12:2). Dans ce chapitre, le mot « volonté » est employé 4 fois dont 3 pour indiquer l'unité parfaite entre le Père et le Fils (Héb.10:7-10).

La volonté des incrédules s'oppose à la volonté de Dieu. C'est un acte délibéré ne répondant à aucune impulsion passagère mais à une attitude permanente, constante, comme l'indique le mot « volontairement » au verset 26.

La vérité est la connaissance de ce qui est réel. Le fondement de la parole de Dieu est la vérité comme l'affirme l'Écriture : « *Ta Parole est la vérité* » (Jn.17:17). Cette Parole de Dieu a été faite chair en Jésus-Christ. *Je suis le chemin, la vérité et la vie...* (Jn.1:14; 14:6; 18:37).

La connaissance de Jésus-Christ comme Sauveur, est bibliquement la connaissance de la vérité.

Cette connaissance de la vérité entendue ou lue, n'implique pas l'obligation d'une obéissance systématique. La bonne nouvelle du salut en Christ est annoncée chaque jour à des milliers de personnes sans résultat. Quoique beaucoup soient appelés il y a peu d'élus (Mat.22:14).

L'hébreu persistant volontairement dans son attitude d'incrédulité après avoir reçu la connaissance de la vérité, ne trouve aucun sacrifice pour ses péchés. Jésus-Christ est le seul et dernier sacrifice offert au pécheur qui le recevrait comme son Sauveur. « Car » est une conjonction de coordination en grec « gar », qui introduit une explication (v.26).

Les traducteurs utilisent parfois la formule « en effet » dans la même intention et en général ce qui est produit par une cause première, ici le changement du culte ancien par un culte nouveau (voir Héb.8:7, 8, 9).

Le texte contient trois affirmations par lesquelles nous savons qu'il ne concerne pas des chrétiens rétrogrades mais des Juifs méprisant la personne du Christ Sauveur.

I. *Car il est impossible que du sang des taureaux et des boucs enlève les péchés... des sacrifices, offrandes, holocaustes tu n'en as pas voulu, ils ne t'ont pas plu.*

Il s'agit là, notons-le, des offrandes prescrites par la Loi (Héb.10:4-8). Ce n'est pas cet enseignement sur les sacrifices de l'Ancienne Alliance, que nous apportons à ceux qui cherchent le salut. Nous prêchons Christ crucifié. L'allusion à la sacrificature n'aurait aucune signification pour un Gentil, pas pour un Juif. Du reste cette épître est appelée... *aux Hébreux.*

II. *...Il ne reste plus de sacrifices pour les péchés...* Aucun hébreu ne pouvait ignorer qu'il obtenait le pardon de ses péchés par l'offrande d'un sacrifice sanglant (Lév.17:11). Aujourd'hui, il ne reste pas d'autre sacrifice pour le péché hormis celui de Jésus-Christ.

III. Les rebelles dont il est question au verset 27 ne peuvent pas être des enfants de Dieu rachetés par Christ (cités aux versets 27 à 31). Ce sont des Hébreux rebelles à la Nouvelle Alliance. Il ne reste plus que le sang de Christ qui n'a pour eux aucune valeur.

Illustrons notre propos par le huitième chapitre de l'Évangile selon Jean. Jésus enseignait dans le Temple. Sa personne et sa parole étaient contestées par les Pharisiens, conducteurs du peuple. Ils prétendaient que son témoignage n'était pas vrai. Ils réfutaient toutes ses explications, répliquant ne pas savoir qui il était. Ils ne comprenaient pas lorsqu'il leur parlait du Père ; pour eux ce Père était Abraham. Ils ne se tenaient pas dans la vérité à laquelle ils ne pouvaient croire. Ils n'appartenaient pas à Dieu mais au diable. Leur jugement n'était pas spirituel. En réalité, ils cherchaient à mettre à mort le Seigneur et blasphémaient contre le Saint-Esprit qu'ils appelaient un démon (Jn.8:13, 25, 33, 44-47, 52). Enfin, ils furent pris de violence et ramassèrent des pierres pour le lapider afin d'en terminer avec cette vérité qu'ils ne pouvaient supporter : *Si vous ne croyez pas ce que je suis, vous mourrez dans vos péchés* (Jn.8:24). Le péché, du Grec hamartia, signifie : erreur, faux état d'esprit, mais aussi faute, iniquité, injustice, transgression, méchanceté. En Hébreu : khata ou ce qui manque le but. *...quand le consolateur, l'Esprit-Saint viendra, il convaincra le monde en ce qui concerne le péché... parce qu'il ne croit pas en moi* (Jn.16:8).

Nous trouvons dans le chapitre 15 du livre des Nombres versets 27 à 31 une référence aux péchés volontaires et involontaires. Le contexte est bien différent, mais la signification demeure la même: le péché involontaire, donc commis inconsciemment, sera couvert par le sacrifice d'expiation, ce qui n'est pas le cas du péché volontaire ou

« *À main levée* », commis de propos délibéré contre son prochain pour le tuer par ruse. En voici le jugement: « *Tu l'arracheras de mon autel pour qu'il meure* » (Ex.21:14; Nbr.15:30) (Consulter Darby dans Hé.21:14). Refuser la médiation de Jésus-Christ voilà le péché volontaire menant à la condamnation.

La réponse :
C'est l'incrédulité régnant au sein du peuple Hébreu, attitude récurrente dans cette épître tout au long des 5 avertissements. Le rappel de l'obéissance due à la Loi de Moïse regarde Israël. Violer la loi avait pour conséquence la mort du coupable. L'hébreu est appelé à regarder à Jésus-Christ, l'agneau de Dieu qui ôte son péché, et non à le fouler au pied avec dédain. De même, il doit accepter le précieux sang de Christ comme la valeur de rachat de sa personne, au lieu de le considérer comme étant sans valeur. Outrager, ou insulter l'Esprit de la grâce mène à la condamnation. Dieu dit la vérité il n'est pas un homme pour mentir. *C'est une chose terrible de tomber entre les mains du Dieu vivant* (v.30, 31). *Le Seigneur jugera son peuple* est la deuxième référence faite à Israël.
Ici le peuple de Dieu n'est pas l'Église mais Israël (Mat.2:6; Lc.1:68, 77; 7:16; Act.13:17; Rom.15:10). La référence faite à la Loi et au jugement final concerne Israël. L'Église ne passera pas en jugement, elle est née du salut offert par grâce à celui qui croit en Jésus-Christ, son sang parfait, sa vie donnée à la croix en étant le sceau (Lév.17:11). Elle héritera du glorieux titre de peuple de Dieu (Rom.9:25). L'œuvre de chacun sera évaluée devant la tribune des récompenses où siégera le Seigneur Jésus (2Cor. 5:10). Voir 2Corinthiens chapitre 5:10 au début du

livre. Il a été sanctifié. Dans un sens général, la sanctification est une mise à part, la séparation d'avec ce qui n'est pas consacré à Dieu. Le peuple Hébreu était sanctifié. L'Éternel a choisi Israël sans aucun mérite de sa part, il devint le peuple de Dieu :

« *Je fais grâce à qui je fais grâce et miséricorde à qui je fais miséricorde... car l'Éternel est miséricordieux et compatissant, lent à la colère, riche en bonté et en fidélité* » (Dt.7:7, 8; Ex.33:19; 34:6, 7).

Le jugement :
C'est une chose terrible de tomber entre les mains du Dieu vivant (Héb.10:29-31). La punition sera exemplaire. La rétribution, ici négative, sera en rapport avec ce qui a été pratiqué par son peuple et remise par l'Éternel lui-même. Tous les incrédules sont appelés à redouter le jugement du Dieu vivant.

Avertissement :
Il est fait appel à leur mémoire. Leur foi en Christ leur a coûté de nombreuses souffrances, persécutions et injures, probablement de la part de la communauté Juive scandalisée par ces apostats. Leur cœur, ouvert par Jésus-Christ, a trouvé de la compassion pour leurs semblables éprouvés. De plus, ils ont été dépouillés de leurs biens matériels, mais sont restés fermes dans la foi, regardant à la richesse de leur salut. Vous êtes sortis vainqueurs de ces épreuves, ne perdez pas votre assurance. Vous avez besoin d'endurance, de constance pour accomplir la volonté de Dieu dans l'attente de sa promesse (Héb.10:36).
Par le « nous » le rédacteur s'identifie à ses frères, il justifie leur qualité de chrétiens : *Nous ne sommes pas*

hommes pour la désertion mais des hommes de foi pour le salut de nos âmes. Comme exhortation irréfutable suivent deux chapitres sur la foi de nombreux témoins jamais découragés. Les Hébreux, lecteurs de cette épître, étaient des chrétiens encore immatures.

V : Ecoutez ce que Dieu vous dit (Ch.12:18-29)

L'histoire :
Il n'en a pas été pour les judéo-chrétiens comme pour « *ceux-là* », qui se bouchaient les oreilles afin de ne plus entendre les paroles de l'Éternel qui leur parlait depuis la montagne du Sinaï. Nos Hébreux nés de nouveau ne se sont pas soustraits à la grâce de Dieu manifestée en Jésus-Christ qu'ils ont reconnu comme le Messie promis par les prophètes. Ils n'ont pas suivi le chemin d'Esaü le profane renonçant à son droit d'aînesse pour un avantage passager. Il fut l'ancêtre des Edomites et de la lignée des Hérode !
Vous ne vous êtes pas approchés du Sinaï, une réalité palpable vouée à la destruction, ni des événements accompagnant le don de la Loi, qui condamne et produit la colère sans amener à la perfection, mais à la servitude. (Heb.7:19; 10:1).
- Vous vous êtes approchés de la montagne de Sion… (Heb.12:22).
L'arche de l'alliance demeura pendant de nombreuses années sur le mont Sion où David célébra sa sainteté (2 Sam.6:12-18). Jérusalem fut identifiée au Mont Sion sur lequel elle était construite. Cette ville est décrite dans l'Apocalypse comme la Jérusalem céleste, bâtie sur des fondements solides et éternels, contrairement à la

montagne du Sinaï vouée à la destruction avec la planète Terre. *La cité sainte, la Jérusalem nouvelle qui descendait du ciel, d'auprès de Dieu comme une épouse qui s'est parée pour son époux...voici la demeure de Dieu avec les hommes. Son temple c'est le Seigneur, le Dieu Tout-Puissant ainsi que l'Agneau. La cité n'a besoin ni du soleil ni de la lune pour l'éclairer car la gloire de Dieu l'illumine et son flambeau c'est l'Agneau...C'est la cité du Dieu vivant* (Ap.21:1-7, 22-27). Cette patrie céleste était attendue dans la foi par les témoins du chapitre 11, verset 13-46.

- *Vous vous êtes approchés de la myriade qui forme le cœur des anges.* Daniel eut la vision de mille millions d'anges et dix mille millions se tenant en présence de l'Éternel (Dan.7:10; Ap.5:11).

- *Vous vous êtes approchés de l'assemblée des premiers-nés dont les noms sont inscrits dans les cieux.* Vous êtes maintenant les membres de l'Église. Vos noms sont écrits dans le grand livre de vie, vous êtes ressuscités avec Christ (Col.2:12-13; Apoc.21:27). *Tout premier-né m'appartient...* C'est là un grand privilège (Ex.34:19; Nbr.3:13). Depuis la Pentecôte, ces premiers-nés sont les membres de l'Église rachetés par le sang précieux de Christ (1Pi.1:18).

- *Vous vous êtes approchés de Dieu qui est le juge de tous - Dieu était en Christ réconciliant le monde avec lui-même* (2Cor.5 :19). Le juge est celui qui rend la justice édictée par une loi. Dieu en est l'auteur (Ex.20ss).
Par amour, il prend en Christ la place du coupable et, pour celui qui croit, prononce un non-lieu. La condamnation est levée.

- Vous vous êtes approchés des esprits des Justes parvenus à l'accomplissement - À la stature terminale de l'œuvre accomplie en eux par le Saint-Esprit. Ils sont entrés dans la gloire et connaissent la perfection que connaîtront tous les enfants de Dieu.

- Vous vous êtes approchés de Jésus médiateur d'une alliance nouvelle - C'est lui qui se tient entre Dieu et le croyant.

Dans le grec Mesités signifie médiateur ou Celui qui intercède.

- Vous vous êtes approchés du sang de l'aspersion qui parle mieux encore que celui d'Abel. Le sang d'Abel a coulé sous la violente inimitié de son frère et sa jalousie. Le sang de Christ, parfait, sans péché, a coulé par amour pour effacer les péchés de ceux qui viendraient à lui :

En lui vous avez la rédemption et le pardon des péchés (Col.1:14; Héb.9:12).

La réponse :

Bien plus que le feu, le vent, le bruit des éléments déchaînés et le son de la trompette, c'était la révélation du péché qui effrayait le peuple. Ce ne sont pas les bruits assourdissants mais les paroles de l'Éternel qu'ils ne voulaient plus entendre. Les secrets de leur conscience étaient dévoilés (Ex.20:19).

L'apôtre Paul écrit : *Par la loi vient la connaissance du péché qui n'est pas imputé s'il n'y a pas de loi. Mais la loi est intervenue afin que le péché abonde.* (Rom.5:13, 20 ; 7:7). Autrefois dit-il : *Sans loi je vivais, mais quand le commandement vint, le péché vit et moi je mourus* (Rom.3:20; 5:13; 7:9).

L'Éternel intervenait par le son de la trompette. Le peuple était averti, pourtant « Ceux-là » du grec ékeinos, ne voulurent pas entendre le conseil de Dieu pour leur salut. Ils ne purent parvenir à une conviction de péché les amenant à la repentance. Ce message reste le même aujourd'hui. Nous devons écouter ce que Dieu nous dit; eux ils se bouchaient les oreilles. Le son de la trompette annonce un message important pour celui qui l'entend (Ap.8:2, 6-12; 9:1, 13). Il est précieux de l'écouter (Jer.7:23).

Le Jugement
Personne ne pouvait, au risque de sa vie, toucher à la Sainte Montagne. Si un animal inconscient s'y engageait, il était lapidé. À combien plus forte raison un être doué de conscience (Héb.12:20). Se boucher les oreilles, alors que l'Éternel parle du haut du Sinaï, témoigne du plus profond mépris lourd de conséquences. « *Ceux-là* » n'ont pas échappé. Il en est ainsi pour quiconque rejette la voix, qui aujourd'hui, vient du ciel et annonce l'Évangile de la grâce.

Avertissement :
« Gardez-vous de refuser d'entendre celui qui parle; car si ceux qui refusèrent d'entendre celui qui publiait des oracles sur la terre n'ont pas échappés combien moins échapperons nous si nous nous détournons du haut des cieux », « C'est pourquoi recevant un royaume inébranlable, montrons notre reconnaissance en rendant à Dieu un culte qui lui soit agréable, avec piété et avec crainte, car notre Dieu est aussi un feu dévorant » (v.25, 29). Rejetez tout fardeau et le péché qui pénalise votre

course dans la voie de la gloire à laquelle vous êtes appelés. Ne vous découragez pas au contraire persévérez dans votre combat contre tous les obstacles se dressant sur votre parcours, les regards fixés sur Jésus, dont le grec dit qu'il est le conducteur ou le Prince de la foi qu'il mène à son accomplissement (pisteos archélon kai teleioten). Soumettez-vous aux corrections de votre Père. C'est un excellent soigneur ne perdez pas courage lorsqu'il vous reprend et prenez garde, ne laissez pas tomber à terre une seule de ses paroles.

LA SANCTIFICATION (Ch.12:3-15)

Sans la sanctification personne ne verra le Seigneur.

1- Le chrétien est sanctifié une fois pour toutes selon la volonté du Seigneur. Mis à part du monde, il appartient à Dieu dont il est l'enfant (Héb.10:10; 1Cor.6:11). Être sanctifié, c'est être séparé, mis à part. Le chrétien ne vit plus sous la domination de la chair, il est conduit par le Saint-Esprit. S'il lui arrive de pécher, il a un défenseur auprès du Père en la personne de Jésus Christ le juste comme avocat (1Jn.2:1). La sanctification active consiste en une qualité de vie compatible avec la sainteté de Dieu : « *Ceux qui ont le cœur pur verront Dieu* » et « *Celui qui pèche ne l'a pas vu* » comme « *...celui qui fait le mal* » (Mat.5:8; 1Jn.3:6; 3Jn.11).

2- La sanctification est le résultat de l'éducation paternelle. Parfois, elle rend le châtiment nécessaire afin que l'enfant suive des voies droites, que ses mains servent le Seigneur et que ses genoux soient affermis pour la prière. La correction est douloureuse mais elle laisse en celui qui l'a reçue une paix intérieure, résultat de l'obéissance à la justice divine. Ce chrétien est sur le chemin de la maturité! Le Père céleste, tout comme le père terrestre, ne châtiera pas l'enfant d'un autre, mais le sien propre, non l'étranger du grec nothos signifie « bâtard », être châtié par notre Père céleste est la preuve de notre filiation. Nos pères selon la chair nous châtiaient pour un temps, celui de notre passage ici-bas et comme ils le trouvaient bon. Notre Père céleste nous châtie afin de partager avec nous sa sainteté, ce qui est meilleur. Ce long voyage commence à la conversion et se termine dans la gloire d'une totale sanctification (Prov.3:12;Héb.12:6).

LES DISPENSATIONS

Ces sont des périodes de temps au cours desquelles les règles de l'administration divine ont été différentes. La Bible peut être divisée en 7 dispensations : l'innocence, la conscience, le gouvernement remis à l'homme, la promesse, la loi (Ex.19:8 à Mat.24:15), la grâce (Act.2 :4-12) et enfin le royaume de Dieu, le jugement des nations, la nouvelle terre et les nouveaux cieux (Ap.21).

Dispensation de la grâce
Exception faite des dix commandements, le chrétien n'est pas sous la dispensation de la loi (contrainte imposée à la volonté de l'homme) et il ne se conforme pas aux règles de la sacrificature. Les lois rituelles de l'Ancienne Alliance étaient *...avec les aliments, les boissons et diverses ablutions, des ordonnances charnelles imposées seulement jusqu'à une période de réformation* (Heb.9:10). *La foi étant venue nous ne sommes plus sous ce pédagogue* (Gal.3:25). L'Ancienne Alliance a été abolie en Christ (2Co.3:14). Auparavant, l'Esprit ne demeurait pas définitivement en l'homme. Après avoir exercé le ministère voulu par l'Éternel, il retournait à celui qui l'avait prêté. Nous avons l'histoire des prophètes (1Pi.1:10,11) des bâtisseurs tel Betsaleel (Ex.31:1-3), des Juges : Samuel, Gédéon, Jephté (1Sam.3:19 ; Jug.6 :34), des rois d'Israël dont Saül et David pour ne citer que ceux-là. (1Sam.10:10;16:13) Le Saint-Esprit les rendait capables d'exercer leur ministère. Une fois terminé il se retirait. Nous citerons comme exemple un Juge réputé du nom de Samson (Jug.13:25; 16:20). L'Esprit descendit sur des gens des nations comme sur le faux prophète Balaam.

Balak, roi de Moab, un ennemi d'Israël, demanda à Balaam de maudire Israël. L'Esprit imposa à Balaam de bénir Israël au lieu de le maudire, puis il se retira (Nbr.22:20, 38; 23:5, 17; 24:2, 13, 14-24). Nous ne pouvons parler de perte du salut. Lorsque le roi Saül pécha, *l'Esprit se retira de dessus lui* (1Sam.16:1-14). À sa place, David fût oint, mis à part, consacré roi d'Israël et *l'Esprit de l'Éternel le saisit...* Au cours de son règne, il tomba dans le péché d'adultère avec la femme d'Urie, l'un de ses héros qu'il fit ensuite périr par l'épée (2Sam.11). Plein de honte et de remords, il confessa son péché à l'Éternel, avec lequel il connaissait une communion parfaite et, dans la repentance, lui demanda de ne pas lui retirer son Esprit, non parce qu'il perdrait son salut mais sa relation de fils avec son Père céleste. Le Psaume 51 nous montre comment l'enfant de Dieu, retrouve cette communion brisée par le péché. Hébreu fidèle, les péchés de David était couverts par le sang des sacrifices d'expiation, non par le sang de Christ. Le chrétien n'est plus sous la Loi puisqu'il est conduit par l'Esprit qui lui rappelle, si nécessaire, qu'il doit « *marcher selon l'Esprit* ». (Gal.5:18). Descendant d'Abraham, David était au bénéfice de l'alliance contractée entre l'Éternel et son aïeul (Gen.17:6,7). David vivait sous la dispensation de la Loi, et non sous celle de la grâce en Jésus-Christ. On situe son règne entre les années 1010 et 971 avant Jésus-Christ, soit près de mille ans avant la Pentecôte, jour où tout croyant en Christ son Sauveur reçoit le Saint-Esprit pour l'éternité et devient une nouvelle créature (2Cor.5:17; Gal.6:15; Jn.14:16, 17; 7:39).

Note : Dispensations : Bible dite Scofield index des notes page 1550 renvoi à Genèse 1:25 page 5 dans bas de page note 3.

CONCLUSION

Bien que nous n'ayons pas vu ensemble tous les textes apparaissant comme des obstacles dans le repos du disciple de Christ, nous avons la joie d'avoir partagé avec vous un sujet souvent débattu. Tout comme vous, nous avons été troublés par des versets de la Parole de Dieu semblant se contredire. En définitive, mal interprétés ou encore cités en dehors de leur contexte. Comment et avec quoi pourrions-nous payer si nous venions à le perdre ?

Nos péchés ne sont-ils pas oubliés, et jetés au fond de la mer ?

Et de quel péché pourrions-nous faire pour perdre notre salut ?

Ne sommes-nous pas sous la garde de notre Dieu ?

N'est-il pas un bon gardien ? (Mich.7:18, 19; Jn.17:8-15).

Si le Seigneur nous fait des promesses de salut elles sont

« certaines et véritables », *« ta parole est la vérité »*. Christ a payé la somme totale pour votre rédemption. Vous n'avez rien à ajouter au sang de Christ. Le péché de l'enfant de Dieu n'enlève pas le salut .Le péché est effacé par la grâce de Dieu en Jésus- Christ. Il est écrit :

Jésus-Christ est une victime expiatoire pour nos péchés non seulement pour les nôtres mais pour ceux du monde entier (Es.43:25; Heb.8:12; 10:17; 1Jn.2:2).

La grâce qui vous est faite est éternelle. C'est un don, et comme tous les autres dons échangés entre les hommes il ne peut être annulé, personne ne vous ravira de la main du Père. C'est là mon témoignage (Tite.3:4-8, Jn.17:17).

Nous vous adressons nos très fraternelles salutations en Jésus-Christ notre Sauveur.

Liste des différentes traductions du texte utilisées

Second, Second 21, Scofield, Thompson, Darby, TOB, Ostervald, Ste Biblique de France, Kuen (pour notre temps) Maredsous, Maistre de Sacy, du Semeur, Français courant, Comparative study Bible (4 versions y compris King James Edt Zondervan), Synodale, Bible annotée (Edt Emmaüs)

Nouveau Testament interlinéaire Grec Français par Maurice Carrez

Épître aux Philippiens traduite et commentée par le révérend Père Medebielle des prêtres du Sacré Cœur à Nazareth.

BIBLIOGRAPHIE

De tous les ouvrages consultés, nous choisissons de vous donner uniquement la liste de ceux que vous pouvez trouver en librairie.

Les problèmes des versions françaises de la Bible : A.Lamorte
Voies d'accès à la Bible :   C.I.Scofield
Précis de Doctrine Chrétienne :   J.M. Nicole
Précis de l'histoire de l'Église :   J.M. Nicole
Les grands thèmes de la Bible :   F. Schaeffer
La marque du chrétien :   F. Schaeffer
Les grandes doctrines de la Bible :   I.S. Chafer
L'homme spirituel :   I.S. Chafer
Le miracle de L'Esprit :   R. Shallis
Le triomphe du crucifié :   E. Sauer
L'aube de la rédemption :   E. Sauer
Je bâtirai mon Église :   A.Kuen
La personne et l'œuvre du Saint-Esprit :   R.Pache
L'Évangile selon Jean :   H.E Alexander
Les Épîtres de Paul :   F.Godet

Les canons de Dordrecht

TABLE DES MATIÈRES